RENATO JÚNIOR . LAUREJAN FERRAÇO

GUERRA TRANSNACIONAL

Operações policiais entre o real e o imaginário
Do Brasil para o mundo

BRASÍLIA, 2020

Dados Internacionais de Catalogação na Publicação (CIP)
(Câmara Brasileira do Livro, SP, Brasil)

Renato Júnior
    Guerra transnacional : operações policiais entre
o real e o imaginário : do Brasil para o mundo /
Renato Júnior, Laurejan Ferraço. -- Brasília, DF :
Ed. dos Autores, 2020.

    ISBN 978-65-00-04946-6

    1. Ficção brasileira I. Ferraço, Laurejan.
II. Título.

20-38458   CDD-B869.3

Índices para catálogo sistemático:

1. Ficção : Literatura brasileira   B869.3

Cibele Maria Dias - Bibliotecária - CRB-8/9427

Esta obra inspira fatos notórios da criminalidade violenta e
expira ficção livremente. Qualquer semelhança com
personagens reais não é mera coincidência.

Projeto gráfico e diagramação
marcelopiresdesigner.com.br

*"A imaginação é a única arma na guerra
contra a realidade."* (Lewis Caroll)

SUMÁRIO

PREFÁCIO

Conheço Renato Júnior há mais de uma década. Dentro e fora da polícia. Apesar de ser fator preponderante para a sobrevivência estabelecermos relações de confiança na corporação, não é fácil fazer amigos nesse meio. Difícil levar tantos problemas também para o convívio social. Felizmente, Renato é uma bem-vinda exceção.

Nossos papos giram, é claro, em torno do incompreendido assunto "segurança pública", atualíssimo. Mas se libertam mesmo quando enveredamos no fascinante caminho sem volta de prospecções sobre a humanidade no geral, ao sabor de um intrigante futuro desconhecido, rastreado pelo aroma inconfundível de um bom vinho.

Para minha satisfação, "Guerra Transnacional: operações policias entre o real e o imaginário – do Brasil para o mundo" versa sobre tudo isso e muito mais. Não faço ideia de como Renato e seu parceiro de empreitada, Laurejan – sujeito bacana, com quem só conversei por breves minutos em momento grave, capital –, se viraram para nos apresentar história tão louca quanto crível, que equilibra de forma magistral fatos mais do que reais (posso comprovar) com argutas possibilidades do que virá. A verdade é que somos pegos em cheio com tantas conexões cruzadas.

É surpreendente quando, em tempos de textos rasos em mídias digitais, deparamos com certas obras que despertam o gosto pela Literatura em uma nova geração de leitores desacostumados com o trato da Língua Portuguesa. Guerra Transnacional é uma dessas dádivas. Uma obra que prende o leitor desde as primeiras páginas, tecendo um emaranhado de vínculos entre operações policiais da atualidade, percorrendo caminhos até então inimagináveis trilhados por grupo criminoso paulista de origem prisional.

Os autores partem de questões complexas da segurança pública no Brasil, com reflexos internacionais, para construírem uma narrativa ora real, ora fictícia, em alternância cadenciada por personagens singulares. Para o leitor comum, o livro funciona como uma viagem a recantos da imaginação, transportando-o para dentro de histórias envolventes e eletrizantes. Para quem vivenciou muitos desses fatos, no entanto, não há palavras suficientemente precisas para descrever o turbilhão de sentimentos que a leitura do livro aflora. Nela, a arte e a vida se encontram e se confrontam, tal como Laio e Édipo na encruzilhada, enquanto nos debatemos para decifrar os segredos da criminalidade galopante no país. "Decifra-me, ou devoro-te". A Esfinge já prenunciava nossos dilemas.

Enfim, ler Guerra Transnacional é reler passagens de minha própria história, na comodidade de quem sobreviveu ao passado e na incerteza de quem não sabe como será o amanhã...

Nicodemos Coutinho de Meneses
Agente da Polícia Federal
Pesquisador do Núcleo de Estudos e Pesquisas
em Estado e Sociedade – NEPES/PPGS/UFPI

PASSEIO NA RESERVA

Aquiraz/CE, fevereiro de 2018

– Valeu pela panorâmica, mano. Essa área é realmente muito bonita. Mas não viemos ao Ceará só pra pular o Carnaval, não é mesmo? – pergunta o chefe, sem perder tempo.

– Claro que não, meu padrinho. Curte aí a reserva indígena, um filé! – aponta Pixaim, amigo degraus abaixo na hierarquia da facção.

– Tô te entendendo – solta um riso de cumplicidade. – Tu não dá ponto sem nó, hein! Esse lugar é estratégico, né? Passa o quê? Qual é o esquema, mano?

– Tudo é negociável, sabe como é.

– Bom, bom... e quem é o mandachuva? O cacique? – descontraído, o chefe ri de sua própria piada.

– Como adivinhou? Não dá nem pra fazer um suspense contigo, meu! – Pixaim eleva o moral do ilustre parceiro, aquele que o apoiou no início da "carreira". Por causa de seu padrinho, ali ao seu lado no helicóptero, hoje comanda o profícuo tráfico de drogas e armas na Baixada Santista. E começa a alçar voos maiores.

– Tá de sacanagem, né? – o chefe aceita a massagem no ego.

– É sério. O cacique é um ótimo contato, muito influente. Além disso, é uma figuraça, sempre doidão de chá, erva e pó.

– Não brinca?!

– Pois é... olha só, precisamos abastecer pra seguir viagem amanhã bem cedo. E sem dar bandeira, você entende, né, irmão? O combustível tá lá embaixo com o cacique. Vai ser jogo rápido. Ei, piloto, desce ali naquela clareira.

– É mesmo? Mas agora? Daqui a pouco escurece...

Um breve desconforto perpassa a espinha do chefão paulista, autodenominado 88, quem sabe com o intuito de se eternizar na mente de seus comandados por meio de simbologia que remete a um duplo infinito carpado. Existe alguém mais imortal? Ele é o número um em liberdade da facção criminosa mais estruturada e ambiciosa do país, e ninguém em sã consciência atentaria contra sua vida em um matagal cearense. Além disso, sabe que está entre amigos. Conheceu seu apadrinhado moleque ainda, zanzando pelo litoral do Guarujá. Percebeu na hora um potencial a ser lapidado.

Ele mesmo, 88, se enxergou no garoto e viajou ao próprio passado de privações e muita luta. Nascido em pequena comunidade pobre no bairro de Vila Madalena, em São Paulo, filho de pais trabalhadores, foi uma criança normal: estudava na escola pública da região, jogava bola, soltava pipa, frequentava a igreja com seu irmão caçula. Mas veio a adolescência e novas demandas surgiram. Começou a vender maconha e cocaína em bares da moda e então deu início à sua escalada no mundo do crime. O curioso é que a ascensão mais acentuada ocorreu dentro da cadeia, quando se filiou à facção para receber proteção primeiramente e, como consequência aos destacados, poder. Nos 17 anos em que permaneceu recluso, devido a vários crimes, fez de tudo um pouco, inclusive planejar a morte de um juiz corregedor de presídios da região 18[1] do Estado. Plano de morte idealizado por Nareba.

Mesmo com todo o histórico delituoso, deixou a prisão pela porta da frente em fevereiro de 2017, solto por contestada decisão judicial para responder em liberdade a processo por ordenar a morte de dois desafetos, imagina. Menos de um mês depois faltaria à audiência e seria julgado e condenado à revelia por mais 47 anos. Só que já estava fora da gaiola, e não pretendia voltar.

Fontes revelam que se refugiou, inicialmente, no Paraguai para assumir o controle da fronteira após a morte encomendada do Rei do Pedaço, como veremos mais adiante. Mas, depois de desavenças entre facções, mudou-se para a Bolívia, na região de Santa Cruz de la Sierra, onde aumentou ainda mais sua influência ao comandar transações do tráfico nas fronteiras destes países com o Brasil. De lá teria criado um novo projeto de expansão da facção, denominado "Majestade", cujo objetivo era eliminar os atravessadores para o

---

1. *Divisão do Estado conforme os códigos de Discagem Direta a Distância (DDD). A região 18 refere-se ao Oeste de São Paulo, englobando 108 municípios.*

tráfico de cocaína pura entre os produtores bolivianos e o mercado consumidor europeu.

Até que chega o evento do helicóptero.

Outro irmão de armas o acompanha na aeronave: comparsa de longa data e segurança pessoal, o que o tranquiliza de vez. Fiel como um cão vira-latas e feroz como um leão que defende seu território, Anta, amigo de tantas batalhas, sente-se feliz como se seu pinto ainda estivessc no lixo do Dragão do Mar. Este percebe a apreensão do chefe 88 e acena despreocupada e afirmativamente enquanto continua a narrar ao piloto do helicóptero suas peripécias da noite anterior.

Oitenta e oito reconhece o piloto do último voo que fez na região 18 de São Paulo, quando voltara ao Brasil em setembro de 2017 e, de lá, passando por Goiânia/GO e Petrolina/PE, até o destino final: Aracati/CE. Apesar de não saber se é confiável, fora muito bem recomendado. Esse mesmo piloto teria levado várias malas com dinheiro de doleiros ao Paraguai, a mando do Pixaim, além do transporte de drogas e armas com destino à Baixada Santista, claro. Suas aeronaves apresentam sempre a mesma característica na fuselagem: marcas de insetos esmagados, o que denota viagens noturnas a baixas altitudes para evitar o alcance de radares. Por que será?

Acalma-se com sua paranoia boba. Afinal, tudo está encaixado no Ceará. Até sua família estabeleceu-se em uma das quatro confortáveis mansões adquiridas em nome de laranjas. As confraternizações vararam as festas de fim de ano e estenderam-se até o Carnaval. Os veículos de luxo igualmente chamam a atenção, inclusive pelas numerações das placas, que sempre terminam em 88... enfim, percebe a oportunidade de voltar ao Brasil com outro nome e fixar-se como bem-sucedido empresário de qualquer ramo. Sente-se o pleno senhor de seus domínios, sem ao menos questionar a quem estaria prejudicando com sua chegada ostensiva e extravagante. De qualquer forma, vibra com a inesperada adrenalina inundando seu corpo, arrepiando a pele e espancando os rins. É muito bom perceber-se vivo. Saber que seus hormônios prosseguem a ativar seu lado animal.

Pixaim respeita a comunicação não verbal feita pelos outros dois parceiros e volta à carga:

– Por que não agora? A aldeia fica logo ali. A gente ainda volta pro arrasta-pé com as primas! E partimos tranquilos de manhã.

– Aí senti firmeza, mano! – comemora Anta, o segurança turista sem amarras.

FUTURO PRETERIDO

Brasília/DF, 2050

Raysha cai em si e, sob intenso espanto, larga ao chão o maço de papel encadernado que chegara misteriosamente à cápsula alugada em que se desliga do mundo nesta curta temporada em Brasília, assim espera. Reconhece no ato aquela história do helicóptero escrita por seu pai, passada no longínquo fevereiro de 2018. Na época, era uma adolescente cheia de vida, dúvidas e planos mirabolantes. Porém, a partir do infame janeiro de 2020, nunca mais veria seu velho.

Dois mil e vinte, aliás, é o ano que mal começou e jamais terminou para ela. Pesadelos constantes, alimentados por inconformismo patológico, não a deixam fechar o ciclo. Desde então acrescentou mais uma característica à sua personalidade: revolta, a qual permanece em plena atividade, principalmente agora, quando conta 45 anos, a mesma idade do pai no momento em que desapareceu do mapa, junto com os originais não publicados do seu bombástico segundo livro. O mesmo que tem em mãos neste instante. Mas como? Por quê? Quem faria isso? Com que intenção?

Um peso enorme de perguntas, conjecturas, suposições, teorias conspiratórias e afins por vezes travam algo em sua mente, apesar das pílulas milagrosas dos poderosos conglomerados farmacêuticos do presente, que libertam quimicamente qualquer desordem psíquica de indivíduos desajustados, transgressores. Não as toma porque considera importante viver seus próprios sentimentos, por mais melancólicos e dissonantes que sejam. No entanto, gosta de ampliar suas sensações com doses nada modestas do bom e velho hidromel, a milenar bebida dos deuses, criados por humanos para confortá-los em suas insignificâncias e deslizes.

É escolada em confrontos físicos ou de palavras (mais de palavrões), a começar pela defesa de seu nome, alvo de sacaneadas sarcásticas na escola pública em época de bullying acentuado. Até nisso seu pai acertara, avalia, ao deixá-la alerta e preparada frente a adversidades. Quando está com paciência, e dependendo do interlocutor, chega a sinalizar a origem grega de Raysha, mas logo perde a credibilidade ao explicar que o nome significa "relaxada", "acalmada". Aí o bullying eterno dos amigos sacanas atuais recomeça. Felizmente o bom humor de pessoas avessas ao político e ao correto continua em 2050. Sente que a humanidade ainda tem salvação, anima-se.

***

– Tudo bem, paizinho, já estou acostumada. Mas precisava ser um nome de prostituta do leste europeu? – pergunta, sem cerimônia, durante leitura conjunta de um capítulo inédito do segundo livro, naquele ano que não terminara: 2020.

Pouco mais de um ano antes, em setembro de 2018, havia testemunhado, cheia de entusiasmo, o lançamento da primeira obra literária do seu herói: "Guerra Federal – retratos do combate a crimes violentos no Brasil". Porém, não foi bem aceita de imediato, principalmente nos altos círculos policiais. Desconfiaria, mais tarde, que o topo de hierarquias criminosas e seletos grupos partidários mafiosos (o que dá no mesmo) igualmente teriam torcido narizes diante de tantas histórias com generosas doses de realidade, apesar do claro viés ficcional. Contudo, nada como o tempo para dar crédito a esforços genuínos. Hoje "Guerra Federal" é referência no globo, mas a que custo?

O fato é que ela era a primeira leitora de seu pai, e contribuía com sugestões sempre que possível, apesar de seus 15 anos em 2020. Venerava-o. Possuíam ligação profunda. Por vezes questionava até se tamanha afinidade não poderia ser atribuída a resquícios persistentes de memórias instintivas de outras vidas. No entanto, sempre trouxe dentro de si inexplicável repulsa a conceitos sagrados, dogmáticos, tradicionais de religiões baseadas na onisciência, onipresença e onipotência de seres míticos e imateriais sobre-humanos. Chegou a sentir certa atração por novas possibilidades de exercer a fé, que foram tomando corpo no início do século, e apresentavam um misto de aplicações práticas da biotecnologia e inteligência artificial como catalisadoras da esperança de salvação da humanidade em um mundo cada dia mais caótico.

Na qualidade de novo centro receptor de devoções religiosas, a tecnologia sem dúvida operou (e opera mais do que nunca) inúmeros milagres em termos de conforto e longevidade, sendo a amortalidade[2] o mais recente Santo Graal a ser alcançado atualmente, seja por meio da extinção de doenças, edição genética via CRISPR ou mesmo pela transcendência da consciência humana, quando a casca mortal do corpo poderá, enfim, ser deixada para trás.

A certeza da morte já não tortura tanto as pessoas de carne, osso e pretensões eternas em 2050. Pelo menos as mais jovens e com poder aquisitivo alto o bastante para subverter as leis naturais. Mas quem disse que prolongar a vida indefinidamente é uma ação antinatural? "Deus"? E se, em breve, com o inexorável advento da singularidade tecnológica, a nova divindade reinante revelar-se à humanidade aprimorada como uma entidade etérea de inteligência artificial? O problema é que, neste ponto, ela estaria tão irremediavelmente conectada à lógica insaciável e anti-humanista do mercado corporativo tecnológico que, aí sim, se tornaria onisciente, onipresente e onipotente. Submissos, não teríamos saída, a não ser adorar a divindade artificial. E temê-la.

Isso sempre acontece. Raysha ri de seus próprios devaneios. Esforça-se para recuperar o fio perdido da meada... sim, claro, a conversa com seu pai quando tinha 15 anos.

– É disso que te chamam, é? – ele solta um riso afável. – É um belo nome, forte, diferente, com raízes entranhadas no berço da civilização ocidental. São uns ignorantes – desqualifica os críticos.

– Certo, certo. Mas o que acontece quando eles descem do helicóptero? O que você, pai, como policial federal, teve a ver com tudo isso? – volta à história do segundo livro.

– Acontece muita coisa quando eles descem. No entanto, você deve se perguntar também o que acontece "antes" de eles subirem no helicóptero. Chegaremos lá. Paciência! – o pai ignora a segunda pergunta.

---

2. HARARI, Yuval Noah. **Homo Deus: uma breve história do amanhã**. 1. ed. Companhia das Letras, 2016.

***

Em frente ao condomínio de apartamentos onde nasceu, em Brasília, Raysha emociona-se com a súbita lembrança de diálogo por tanto tempo imerso em seu inconsciente. Morou em várias partes do mundo como se estivesse em uma busca involuntária pelo paradeiro do seu pai. E só agora, de volta ao lar, percebe o quanto negligenciou sua mãe.

Tarde demais.

As folhas do velho caderno no chão se sucedem ao sabor do vento frio e seco da capital invernal. Avançam com rapidez diante de violenta rajada e, por vezes, retrocedem frente a mudanças de direção de histórias ainda pulsantes.

CEARÁ NA PONTA DA LANÇA

Fragmento não datado

Mais do que o resto não menos sofrido do Nordeste brasileiro, o Ceará possui um traço em seu DNA geográfico que o torna ponto estratégico para o tráfico internacional de drogas. Seu extenso litoral de 573 quilômetros, pouco vigiado pelas forças de segurança pública locais, oferece oportunidades de ouro a organizações criminosas encorpadas, as quais descobriram ali um dos menores traçados marítimos possíveis até África e Europa.

Um astuto e sanguinário traficante carioca, trancafiado desde 2002 e condenado a penas que acumulam quase 340 anos de prisão, percebeu tal obviedade ainda nos idos de 1990 e abriu caminho, a foice e a fórceps, para rota alternativa de escoamento dos produtos ilícitos. A facção fluminense, no entanto, sempre privilegiou seu cobiçado território original, relegando o posto avançado no Ceará a segundo plano. Erro grosseiro de quem reluta em conceber as atividades interligadas do tráfico nos moldes de uma gestão empresarial, algo que sua correlata paulista faz muito bem.

Além disso – diferentemente de São Paulo, onde reina relativa paz explicada em parte pela "hipótese da facção", com união forçada pelo medo –, o poder no Rio de Janeiro é disputado por alguns grupos criminosos violentos antagônicos e, pelo visto, imunes ao terror, sem falar nas milícias, nas jogatinas contraventoras e no eterno jeitinho carioca que tanto agrada a corruptos e corruptores. Tal cenário caótico tritura e engole o Estado sob o jugo de uma guerra sem fim.

Eventos mais recentes, porém, deram novo impulso à importância do Ceará no grande tabuleiro das ações quadrilheiras. Um deles foi o assassinato de um megatraficante, em junho de 2016. Em ação cinematográfica, um grupo de mercenários (ex-militares paraguaios, bandidos de facções paulista e carioca e milicianos paramilitares) emboscou o Rei da Fronteira no centro da cidade paraguaia de Pedro Juan Caballero, a poucas quadras de Ponta Porã/MS, e dispararam uma saraivada de tiros de metralhadora calibre ponto 50 contra seu Hummer blindado. Seu corpo e sua memória esfacelaram-se ante a 16 projéteis de guerra certeiros.

FUGA DE AQUIRAZ

Vários Estados brasileiros, Portugal, Chile, Paraguai, 2018

TESOURO SUBMERSO

Estreito de Gibraltar, 2036

UMA VIDA EM ESPIRAL

Distrito Federal, 2020

Estudos apontam que, se uma única munição destas passar próxima à cabeça de uma pessoa, ela poderá ficar surda e/ou cega apenas em razão do deslocamento de ar. Ou seja, a blindagem e os seus 30 seguranças nada puderam fazer. Um massacre ordenado pelo enigmático piloto Italiano e mais quatro quadrilheiros desafetos do até então intocável Rei do Pedaço – dentre eles um galanteador afeminado da região de São José dos Campos/SP, preso em um estúdio de tatuagem na zona sul da Cidade Maravilhosa, em fevereiro de 2018, que, outrora, fazia o papel de leva e traz para o agora chefão morto. Retomaremos este tema mais à frente.

Mas o que o Ceará tem a ver com acontecimento tão distante em país vizinho? – um desavisado pode perguntar. A improvável aliança entre as facções logo ruiu quando os paulistas quiseram assumir, sozinhos, o controle da fronteira paraguaia, um dos principais corredores do tráfico na América do Sul, escanteando a turma carioca. Claro que a ruptura trouxe consequências violentas, principalmente em presídios brasileiros, terra de ninguém. Além de outras disputas, como entre um certo ser mitológico que domina labirintos e um pássaro imponente repleto de cores da família dos faisões, encarcerado na capital do Paraguai – guerra aberta que tem gerado mortes constantes entre as cidades fronteiriças de Ponta Porã e Pedro Juan Caballero, bem como em Capitan Bado e Coronel Sapucaia.

Então, a solução encontrada pelo pessoal fiel ao traficante carioca encarcerado foi turbinar a rota do Ceará, visto que a porta do Paraguai estava fechada para eles. O território cearense, entretanto, é a saída. Para operar todo o fluxo, seria necessário atuar na rota da selva amazônica junto ao Solimões, por onde, segundo "especialistas em segurança pública", entram drogas vindas do Peru e armas, da Venezuela, trazidas por ex-combatentes das extintas Forças Armadas Revolucionárias da Colômbia (Farc). Na verdade, a rota do tráfico de armas em nosso território inicia-se de forma plenamente legal, com os EUA abastecendo outros países sul-americanos de acordo com as normas de cada nação soberana. O problema é que, depois, grande parte desse armamento é derramada no Brasil de forma clandestina.

A crise madura do país bolivariano pós-Chavez também deu um empurrãozinho ao tráfico na região, pois juntou a imigração descontrolada de venezuelanos para o Brasil e as velhas falhas de fiscalização na fronteira – convite perfeito para a atuação de mulas, além de abrir brecha para diversos criminosos brasileiros se refugiarem na costa do Caribe Venezuelano. Mas, para esta nova engrenagem funcionar, a facção carioca uniu forças com outro grupo familiar do Norte, originário de Manaus/AM, e também influente no Nordeste do país.

A rota do Solimões, no Norte, tendo o Ceará como ponta de lança, ainda foi beneficiada pela sensível redução da demanda por maconha traficada no mercado norte-americano, com a crescente e, ouso prever, irrefreável onda de legalização da Cannabis naquele país (e no mundo), seja para fins medicinais ou recreativos. Rapidamente, então, os produtores encontraram no Brasil a salvação de suas lavouras nada arcaicas, voltadas à exportação em larga escala.

***

Horas antes do desembarque na reserva indígena:

– Helicóptero vai pousar na Praia do Futuro, aqui pertinho do Bio do Caranguejo? Porra, meu, tu tá chique, hein! – sempre deslumbrado, o segurança Anta instiga o chefe 88, a quem muito estima.

– Falei que essa era a fita, mano. É só colar comigo para se dar bem. Teremos uma nova e confortável vida aqui, escreve o que eu digo.

– Fecho contigo até a morte!

– Eu sei, irmão, eu sei. Mas vira essa boca pra lá, porque falta muito ainda pra isso acontecer hahaha!

– Peraí, que merecemos um brinde – pede o comparsa beberrão, sentado em cadeira de praia degustando lagosta em ambiente familiar.

– Tá bom, vamos lá, jogo rápido. Já até pagamos a conta – concorda o chefe, meio impaciente.

– Ei, companheiro, desce duas 88 – sorri para o patrão, que entende na hora a homenagem.

– Tá aqui, macho, duas oitio oitio – o barman do quiosque, homenzinho atarracado, parrudo e boa praça, serve as doses da cachaça no capricho, atendimento recompensado com nota de cem reais.

– Fica com o troco, irmão. Vambora, Anta, vira logo essa marvada!

Os dois amigos correm, felizes, em direção à aeronave. Sentem-se na crista da onda, no ápice de suas existências, tendo o futuro à frente em praia de nome pretensioso e maresia altamente corrosiva, onde nada se desenvolve. A vaidade exacerbada, misturada às cinzas do Carnaval de Fortaleza, enfumaça qualquer possibilidade de discernimento do certo e errado.

Mal sabem que mexeram com figura importante no Ceará, há muito mais tempo assentado naquelas terras do que eles. Um fantasma que raramente se expõe e possui fortes ligações com a alta cúpula da facção paulista, no entanto sem integrar formalmente a estrutura criminosa. Um colaborador, um freelancer, um sniper que já se safou do furto ao Banco Central, em Fortaleza (2005), e do icônico assalto a uma empresa de guarda de valores no Paraguai (2017). O detentor incontestável da rota do tráfico de drogas via Ceará: o Mosca Branca[3].

***

Voltando um pouco mais ainda no tempo, antes do embarque de 88 e Anta na Praia do Futuro, o mesmo helicóptero deixara cinco pessoas na clareira da reserva indígena:

– Por que aqui, Pixaim? É meio ermo, não? – indaga o piloto.

– Hein? O quê?

– Ermo, deserto, isolado, fim de mundo.

– Sim, essa é a ideia. Vamos fazer uma reunião secreta, ninguém pode ser visto junto, entendeu? Agora vamos na Praia do Futuro pe-

---

3. JÚNIOR, Renato; FERRAÇO, Laurejan. **Guerra federal: retratos do combate a crimes violentos no Brasil**. 2.ed. Brasília: Letras e Versos, 2019. p. 42.

gar outros dois irmãos e trazê-los pra cá. E chega de perguntas e palavras que ninguém entende, porra! Parece uma mulherzinha. Pilota essa merda e pronto. Tu é pago pra isso. Ou quer levar outro pau?

– Não, tudo bem, desculpe.

– E se alguém perguntar porque você desceu na reserva, você diz que estava sem combustível e tinha de reabastecer para seguir viagem em segurança, entendeu?

– Sim, claro.

O pavor do piloto aumenta ao notar um dos que o agrediu recentemente no litoral paulista desembarcando no local, com protuberância evidente na região da cintura. Evitou olhar para os passageiros durante a viagem. Tomou um corretivo tempos atrás por cobrar justa dívida do Pixaim referente a voos não pagos que fizera ao Paraguai. Desde então permaneceu calado e aterrorizado.

CONVERSA TARDIA

*Condomínio em Águas Claras,
Brasília/DF, 2050*

Cadastramento de digitais configura passado emocional que não mais existe, constata Raysha ao concordar em ter suas verdes íris escaneadas e seu mindinho esquerdo de unhas postiças autocolores imperceptivelmente picado por injetor de nanochip temporário para monitorar por onde andará no condomínio em que cresceu.

Escolheu o vermelho ocre marciano no aplicativo de cores das unhas para encarar dia tão difícil. Não quer estar ali. Preferiria passar uma temporada na Vila Lunar – base científico-cultural erguida no satélite natural da Terra – e estabelecer contato com a nata mundial das cabeças pensantes, de artistas a pesquisadores. Aproveitaria para perambular pelas construções de regolito em canais e túneis de lava para se proteger da radiação cósmica, da baixa gravidade e das temperaturas extremas da Lua – entre 127 graus Celsius positivos na sombra, com 15 dias de sol a pino, e 173 graus negativos no breu congelante de duas semanas terrestres, pois um dia lunar equivale a 29 rotações do planeta terráqueo.

Outra possibilidade, mais ousada, seria lançar-se à quase concluída Colônia de Marte. Mas aí... Raysha volta a si mais uma vez. Vive a sonhar. Um de seus sonhos recorrentes é parar de roer as unhas. E este dispositivo, com uma infinidade de tons cromáticos, modificados apenas por um piscar de olhos, tem sido fundamental para incentivá-la a largar esse distúrbio obsessivo de ansiedade; realmente a pegou de jeito. Logo ela, tão reticente quanto a tecnologias estéticas, febre deste tempo efêmero e estéril. Neste caso, abre uma rara exceção. Unhas artificiais são uma das poucas modificações corporais que se permite utilizar. Cheiro enjoativo de esmalte – mistura química e tóxica de solventes, resinas, plastificantes e corantes sintéticos – nunca mais!

Sempre descalça na infância, cansou de espalhar provas digitais plantares de "culpabilidade moleca" por toda a área comum de condomínio imenso em sua época de inocência feliz. Agora, enquanto reconhece a real dimensão claustrofóbica de cada espaço em que já figurou como a mandachuva, recebe alerta impessoal, impassível e inoportuno de que está se desviando da rota preestabelecida e deve se apresentar urgentemente ao apartamento em que viveu seus melhores anos, a fim de recolher documentos e pertences de sua mãe.

– Reafirmo que esta unidade já foi vendida, e os novos proprietários aguardam sua vistoria para ocuparem o espaço – reverbera uma sonda voadora à sua frente, enquanto ela se dirigia à piscina. "Como deve estar a piscina?", pergunta-se.

– *Ayo, menehi kula sawetara wektu, taek*! – xinga, achando que não será compreendida.

– Devo avisá-la que tal linguajar chulo faz parte de nosso rol de expressões ofensivas. Peço que não insista com esta atitude.

– Diabo de tecnologia! Como pode essa sonda monga metálica decifrar o Banyumasan, dialeto javanês à beira da extinção? – reclama com ela mesma, ignorando completamente a máquina. – Ah, deixa pra lá. Tem algum humano com quem eu possa falar na Administração?

– Não. Queira me acompanhar, por favor.

Enquanto Raysha caminha, o robô aproveita para ativar seu modo vendedor:

– A propósito, já considerou a oportunidade de enviar os restos mortais de sua mãe ao espaço profundo? Os funerais nesta categoria estão bem atrativos em relação aos lunares e aos orbitais, já que os valores...

Ela simplesmente abstrai-se da situação. É muito boa nisso. A invasão de mensagens publicitárias, por todos os meios imagináveis, chegou a um ponto tal que o primeiro sinal que recebeu sobre o desenlace de sua mãe veio de sugestão subliminar neural para que comprasse um pacote familiar de funeral espacial. Isso em menos de dez minutos após a confirmação do óbito. Ou seja, soube da morte da mãe por meio de uma estúpida e invasiva mensagem publicitária.

Ainda sob a abordagem insistente do objeto corretor, Raysha acaba por proferir, baixinho, mais alguns palavrões, dessa vez em português mesmo. O novo incidente é ignorado pela sonda que tudo ouve e vê (onipresença!). Faz vista grossa. Seria alguma alteração programática para se adequar às particulares insubordinações brasileiras quanto a regras? Ou, quem sabe, para deixá-la extravasar à vontade, de forma a ficar mais receptiva às investidas comerciais? Vai saber...

A porta do apartamento abre-se automaticamente com a sua chegada. Os móveis guardam a mesma disposição de quando corria, serelepe, pela casa. Achava um exagero a mesa de jantar imensa espremida em sala pequena. Vivia com hematomas por causa daquela maldita quina.

O condicionamento a faz retirar os sapatos. Ninguém entrava calçado ali. "Nem se for o papa", dizia sua mãe ironicamente, adepta que era do espiritismo e da cultura japonesa. Assim que avança um pouco mais, uma imagem holográfica surge. Sim, é ela, sua mãe, mulher guerreira, derrubada por um câncer agressivo. Ninguém mais morre de câncer em 2050. Nem de infarto, diabetes, depressão, cirrose, hipertensão, pneumonia. A não ser que queira. Na verdade só as pandemias (naturais ou, principalmente, fabricadas) continuam a assombrar. A suspeita de Raysha é que ela tenha se deixado levar. Tristeza, para pessoas turronas, que fogem de tratamentos, ainda mata.

A representação do que um dia foi sua mãe começa a falar:

– Raysha, minha filha, sinto muito por tudo o que você teve que passar nessa vida. Tentamos, eu e seu pai, te criar forte porque sabíamos que não seria fácil para ninguém.

– O que aconteceu com o papai, mãe? Por que nunca o acharam?

– Sabia que você faria esse tipo de pergunta. Pergunte mais, pois a lista de respostas é extensa, apesar do pouco que sei. Uma pena não termos tido essa "conversa" antes. Sei que tivemos nossas diferenças, mas de que adiantam agora, não acha, Raysha?

Sente fundo a provocação da mãe. Conhece muito bem aquele tom inquisidor e a rima debochada de "não acha, Raysha?". A mãe prossegue:

– Por muitos anos achei que ele estivesse vivo, que teria se afastado voluntariamente e incógnito – algo que fazia como ninguém – para nos proteger de algum ladrão-maníaco-assassino que estivesse investigando. Pelo menos até a poeira baixar. Nossa vida como casal nunca foi normal. Ele estava sempre tenso quando saíamos para a rua, paranoia de perseguição, essas coisas. Como confiar em um mundo melhor sabendo de tudo o que ele sabia? Segredos inomináveis, estado de alerta permanente. Constatamos hoje que ele tinha razão em boa parte de suas prospecções apocalípticas sobre a segurança pública no Brasil e no mundo. Enfim, não sei o que aconteceu com ele. Esse sentimento suspenso, de indefinição, é o pior pesadelo real para uma família. Só espero que ele tenha paz, onde quer que esteja.

– Mãe, me perdoe por ter me distanciado tanto. Os anos foram passando, e nossa convivência rareando. Falar com você era lembrar do meu pai, e isso é muito doloroso pra mim. Me desculpe...

– É impressão minha ou você está chorando, Raysha? – de forma instintiva e defensiva, a filha seca a umidade no canto dos olhos. Mesmo morta, sua mãe inspira respeito. "Diabo de inteligência artificial", desconjura.

A "conversa" se estende por toda a tarde. Raysha jamais imaginou que tivesse também tantas semelhanças com a mulher que a trouxe ao mundo. Pega os documentos importantes, o dispositivo holográfico e entra com os trâmites derradeiros da cremação, quando ignora pela milésima vez o assédio para realizar enterro extraterreno, moda agora também entre os amados pets, membros familiares dos humanos há muito tempo.

No dia seguinte dá o último adeus à sua genitora, com aquela expressão amorfa de todo cadáver sem alma, porém tão próxima e terrena – paradoxo ainda insolúvel da condição humana, enquanto a amortalidade não é alcançada. Por fim, abre o inventário com um advogado artificialmente inteligente e legalmente constituído. Sim, a ditadura burocrático-judicialista manda como nunca em 2050. Mas o mundo jurídico sem tantos advogados humanos realmente é mais ágil, eficiente e econômico.

Tudo seria muito mais simples se a mesma dinâmica tivesse sido aplicada ao seu pai sumido. Não o considera morto, jamais aventou essa possibilidade. "Sem corpo, sem morto" é o seu lema. No entanto, trinta anos se passaram e nenhum rastro de seu paradeiro foi detectado. Talvez seja hora de voltar à Suíça e retomar sua vida, desta vez para valer. Antes vai ao Lago Paranoá e, em cerimônia solitária e dolorida, joga as cinzas do alto da Ponte JK.

Contudo, um novo contato inesperado irá prendê-la um pouco mais no Brasil. E o velho caderno espiralado em suas mãos tem tudo a ver com isso.

DESCIDA EM AQUIRAZ

Ceará, 2018

– Vocês tão loucos? Vocês tão loucos? Que isso, Pixaim? Logo você, porra! – 88 não acredita na tocaia de que é vítima. Cinco manos surgem do nada do mato, com o helicóptero ainda ligado.

– Cala a boca e desce, caralho! Os dois, anda!

– Porra, Pixa, que merda é essa? Tu é nosso... – o segurança Anta logo é puxado e abatido com disparo no peito.

Sem tempo de reação, 88 é imobilizado por outros três, que o arrastam para a cauda da aeronave e o levam a cabo ali mesmo. Na dura frieza do ato criminal não há espaço para explicações de mocinhos ou vilões, muito menos momentos de redenção embalados por trilhas sonoras emotivas de filmes hollywoodianos. A tática mafiosa de usar gente próxima para executar plano tão improvável surte efeito.

Após ásperas discussões sobre a metodologia utilizada, o grupo chega a um acordo e divide tarefas. Tiros de misericórdia nos olhos gordos dos ex-companheiros maiorais sacramentam mortes sem chances de ressurreições no roteiro. Em paralelo, Pixaim e outro comparsa vigiam o piloto, para que não entre em pânico e resolva levantar voo sozinho.

– Que isso, Pixaim? Mataram os caras, porra? – questiona Piloto[4].

– A reunião saiu do controle, sabe como é.

– E agora, o que a gente faz?

– Fica calmo, a rapaziada vai dar um jeito nos corpos e vamos sair daqui todos juntos.

– Pra onde?

– Vamos ver no caminho. Fica quietinho aí e para de fazer pergunta, pelo amor de Deus.

– Tão levando um galão pra quê? Vamos ficar sem combustível para a rota traçada.

– Putaquilpariu, presta atenção: tudo mudou. Eles vão queimar os corpos. Se vira pra tirar a gente do Ceará com o que temos.

____

4. A partir de agora, Piloto virá grafado com maiúscula, pois tornou-se mais um personagem importante.

PERIPÉCIAS DO BABY BOY VOADOR

Sorocaba/SP, 2015

Piloto é um cara dissimulado. Existe, é verdade, quem o ache parcialmente inocente. Ou culpado em parte, depende de como cada um vê o copo. Para nossa equipe, Piloto transborda agravos.

Rostinho bem cuidado de rapaz classe média, fala articulada, mas submissa quando o momento exige, e feições quase ingênuas de aeronauta sempre a postos para ser ludibriado deixam pontas de dúvida até nos mais experientes investigadores, é fato, apesar de seu vertiginoso acúmulo de patrimônio (quatro helicópteros, duas lanchas, apartamento em um tal edifício Solaris, em Guarujá, empresas...) e de reiteradas passagens pela polícia em poucos anos.

A última delas, antes de todo o entrevero em Aquiraz, foi possibilitada pela inteligência da Polícia Federal, após detectarmos movimentação suspeita na região de Sorocaba/SP, em outubro de 2015. Poderiam ser armas, ou drogas, ou ambos, ou nada. Mas confiávamos no informante e, de qualquer maneira, intuímos boa oportunidade para qualificar um "jovem e audacioso Piloto".

A suspeita é de que haveria grupo de contenção, com número não definido de criminosos e armamento pesado, para fazer a segurança da carga transportada por helicóptero. Muito difícil saber a real dimensão do inimigo, além de quando e onde a batalha poderia ser travada.

No dia anterior ao cerco em Sorocaba, na base secreta da Polícia Federal, em Campinas, os agentes curtiam merecida folga após resolução de caso espinhoso. Caçador e chef de mão cheia, Carioca aparece com javali parrudo invasor a tira colo e começa a limpá-lo perto da piscina, onde o pessoal curte o sol, o sal e a cerveja.

– Você só pode tá de sacanagem, rapaz... custava ir no mercado? – reclama um parceiro.

– Tem tempo que não disparo uns pipocos, sabe como é que é, meu irmão. Preciso manter a forma, o instinto – e cai na gargalhada.

– Porra, Carioca, que cheiro fodido! Sai com essa coisa pra lá! – resmunga outro.

– Opa, menos dois pra comer quando tiver prontinho na travessa. Alguém mais vai dar chilique?

Todos se calam, pois conhecem sua fama. Tanto que, na hora do almoço, serve dois belos pernis ao molho de maracujá e costelas marinadas no vinho. Para acompanhar, cerveja e mais vinho, tudo muito bem harmonizado. A festa estava armada.

Perto da meia-noite, chegam informações sobre movimentação do Piloto. Eufórico, aciono equipes da PM diretamente, sem passar pelo Comando da Central de Inteligência deles. E compartilho nossa ofensiva:

– Intervenção do GPI autorizada. Equipe já em deslocamento. Atuará em conjunto com o COE local e apoio aéreo do Águia, copiado?[5]

Tudo certo, vou dormir. No raiar do novo dia, sou acordado por um fuzuê na base.

– Deu merda, a PM desautorizou o Águia e o COE. E o chefe do GPI quer saber quem da PF atravessou a hierarquia – o Carioca me sacode, branco que nem alma penada.

A essa altura a aeronave suspeita já havia decolado do aeroclube de Sorocaba, sem destino definido. Corro para me explicar e desatar o nó burocrático entre as polícias Federal e Militar, mostrando, com fortes evidências, a importância da operação. Por sorte o chefe da Base da PF é o delegado Cabeça Branca, que conhece nosso trabalho como poucos. Imbróglio resolvido, voltamos ao jogo. Atrasados, é verdade, mas ainda a tempo de agir.

– Aguardar. O carro do Piloto está no estacionamento do aeroclube. Vamos abordá-lo na volta.

Não dá outra. Duas horas depois, o playboy voador aterrissa sozinho, com mais uma missão no currículo e 20 mil reais no bolso.

Nitidamente assustado com o circo armado, logo abre o bico na própria pista:

– Foram me passando o caminho no ar.

---

5. *GPI – Grupo de Pronta Intervenção da Polícia Federal; COE – Comandos e Operações Especiais da Polícia Militar; Águia – Grupamento Aéreo da PM de SP.*

– E o que tinha nas sacolas?

– Telefones celulares, disseram.

– Você não conferiu a mercadoria?

– Não, senhor. Fiquei assustado. Falaram que estavam bem armados.

– Veste essa camisa da polícia. É uma proteção pra ninguém te reconhecer. Você vai com a gente no Águia pra mostrar o caminho. Essa atitude será levada em conta em seu processo, com certeza.

Com dados do GPS da aeronave apreendida, equipe do COE, em contato com a Inteligência da Polícia Federal, desloca-se por terra até chácara nas proximidades da Rodovia Raposo Tavares. O helicóptero Águia segue por ar com o convidado. No entanto, nada mais havia no local. O caseiro, na companhia de mulher e filhos pequenos, pessoas simples e trabalhadoras, confirmou a movimentação fora do comum de helicóptero e caminhão nos limites da propriedade, mas disse não ter tido tempo de averiguar do que se tratava.

Após buscas infrutíferas, tudo o que restou foi frustração. E ficamos com a vaga sensação de termos sido sabotados. Estranhamente, com o avançar das investigações, viríamos a saber que Piloto era sócio da filha de um renomado Oficial da Polícia Militar paulista, em empresa de "voos panorâmicos". Depois do ocorrido na reserva indígena de Aquiraz, temos agora uma melhor ideia do que significa esse tipo de passeio.

A adrenalina de estar em campo é inigualável. Porém, na Inteligência vislumbramos o tabuleiro de outra amplitude, por cima, antecipando-nos à movimentação das peças opositoras.

– Ele tá envolvido. Ponto – sacramenta Carioca, impaciente.

– Sim, mas e a materialidade? Não temos nada contra ele – pondero.

– Prende, pô! Ou vai voltar a fazer o que sempre fez. Viu ele falando do sotaque espanhol do contratante. Isso é Paraguai!

– Contaremos com ele para próximas ações, relaxa.

– Ele sentiu a pressão, vai sumir.

– Deixa o passarinho voar por aí. Gosta do novo padrão de rique-za. Foi picado pela mosquinha azul. Ainda vai voltar para as nossas mãos.

Dotado de lábia costumeira e bons advogados, Piloto refutou qualquer ilação "injusta" à sua imagem de baby boy e safou-se por um tempo. Mas, conforme o ditado, o mundo dá voltas, e ele cairia novamente em nossos radares nas cinzas do carnaval cearense de 2018.

FUGA DE AQUIRAZ

Vários Estados brasileiros, Portugal, Chile, Paraguai, 2018

Piloto, Pixaim e mais cinco comparsas levantam voo da reserva indígena ainda sem rumo certo, deixando para trás os corpos em chamas dos ex-patrões de facção. E dividem o espólio dos mortos, composto por relógios, joias, armas e dinheiro.

De volta à beira-mar da capital cearense, três dos passageiros descem e Piloto levanta novo voo.

– Só tira a gente do Ceará – ordena Pixaim.

– Sim, claro, podemos descer na Paraíba ou Pernambuco. Até onde der o combustível – sugere Piloto, com todo o cuidado para não ser mal interpretado.

– Vai, vai!

No tortuoso caminho, ainda com o Rio Grande do Norte abaixo, Pixaim manda que desçam em área erma de dunas. Piloto gela, mas mantém a sanidade. "Se me matarem nesse fim de mundo, não terão como escapar", convence a si próprio. Obedece, porém, deixa o motor ligado, pulverizando areia para todos os lados.

– Desliga esse troço e desce agora. Vocês aí, tragam o galão.

Piloto sente o corpo pesar uma tonelada. Paralisa-se de medo. Os dois passageiros criminosos que acompanham Pixaim abrem as malas de 88 e Anta e espalham pelo chão roupas, papéis, coisas sem valor. Ateiam fogo em tudo.

– Olha só pra isso aqui – o líder do duplo homicídio chama a atenção. – O traíra ia fazer cirurgia plástica, mano! Depois de roubar os irmão, ia mudar de rosto e nome, achando que ia se safar. Queima essa porra toda, anda!

O condutor da aeronave solta a respiração, como se tivesse alcançado a superfície após minutos submerso em um mar de lama.

Novamente no ar, agora com as ideias mais em ordem, Piloto desiste do aeroclube próximo a João Pessoa, sua primeira opção de descida definitiva, por ser um lugar também muito deserto. Não perderiam a oportunidade de executá-lo tão logo pousassem. Sem dúvida, ele se colocara na perigosa posição de arquivo ambulante, e faria de tudo para preservar sua vida.

Por outro lado, aterrissar em um dos aeroportos controlados pela Infraero significaria possivelmente colocar todos em cana de uma só vez. Sua morte horrível na prisão seria igualmente o único resultado previsível. Opta, portanto, por solução intermediária: o aeroclube particular de Coroa do Avião, na região metropolitana de Recife, mesmo com a possibilidade de enfrentar uma pane seca. Quem liga?

Explica com toda cautela sua decisão técnica, sem mencionar a questão do combustível, óbvio. E obtém a concordância do chefe ressabiado.

– Se levar a gente pruma furada, você tá morto!

Como imaginado, a pista estava vazia, mas havia um funcionário no hangar, distante uns cem metros do helicóptero no solo. Nada, contudo, que pudesse inibir uma ação extremada ali mesmo.

Enquanto os comparsas esticam os esqueletos e chamam dois táxis pelo celular, Pixaim, também já do lado de fora, aparece na porta do Piloto (ainda de fones e mirando fixamente o funcionário à frente) e puxa sua mão:

– Você trabalhou bem. Esse dinheiro é para cobrir os custos da volta. Nós dois estamos jurados. É melhor você dar uma sumida. Mas se falar qualquer coisa pelas quebradas, acabo com sua família inteira, entendeu?

Ele vê os homens entrarem nos dois veículos de transporte de passageiros e mais uma vez sua respiração emerge das profundezas de seus pulmões.

Retorna a Guarujá ainda sem noção do que fazer. Nos dias posteriores recebe cobranças ameaçadoras para dar sumiço no helicóptero e manter-se em fiel silêncio. Atordoado de medo, não segue nenhuma das duas ordens. O desabafo com pessoas próximas expõe Pixaim e o próprio Piloto. Havia grande possibilidade de os corpos parcialmente carbonizados de 88 e Anta não serem identificados na reserva indígena. A falta de um banco de dados unificado de registros criminais ainda é uma dura realidade no país. Porém, a história chegou às esposas dos mortos. E também à polícia paulista. E, claro, à imprensa.

Pouco mais de uma semana depois, Pixaim é atraído a hotel de luxo, em São Paulo, onde encontra Esporão, experiente e leal integrante da ala liderada por Charuto, grande traficante atacadista, dono das remessas de cocaína que saem do Porto de Santos para o resto do mundo.

– Meu irmão Espora, tô enrolado. Preciso da sua ajuda para dar uma sumida por uns tempos.

– Que houve, Pixa? Teu nome tá rolando direto aí no Partido. Tu se envolveu mesmo na treta do Ceará? Justo com o 88 e o Anta?

– Só pode ser aquele Piloto filho da puta que abriu o bico. Depois resolvo isso. Agora tenho que evaporar, entendeu?

– Sim, claro, mano. Conta comigo. Vamos entrar no hotel que é mais seguro. Vou te dar cobertura, não se preocupa.

Assim que, ainda do lado de fora, Pixaim começa a se encaminhar para o hall do hotel, Esporão dá uma leve coçada na cabeça e se afasta alguns passos. No mesmo momento um carro chega à área de desembarque, em frente à entrada principal. Casal de meia idade sai do veículo, com filho adolescente no banco de trás, e é recebido por outro casal amigo. Enquanto isso, dois homens descem de vistosa picape estacionada na rua, de fuzis em punho, e iniciam sequência insana de disparos contra seu alvo principal (Pixaim), sem se importarem com inocentes ao redor. Ele tomba, provavelmente já sem vida, junto à porta traseira aberta do carro dos hóspedes. No entanto, os tiros continuam. Até que um dos assassinos aproxima-se e efetua mais dois disparos à queima-roupa na cabeça da vítima, espalhando massa encefálica por todos os lados, em conferência de dantesca eficiência, sem misericórdia. Por milagre, apenas duas mulheres são feridas: uma na perna e outra na mão. Queima de arquivo? Vingança de aliados de 88?

Apavorado com o desfecho de Pixaim, Piloto deixa o país rumo a Portugal com documentos falsos. Poucos meses depois, porém, decide interromper a fuga e retornar ao Brasil via Chile e Paraguai.

Não possui mais recursos e pretende ainda negociar um acordo com as autoridades, sem envolver prisão, seu maior medo. Acha que não durará nem um dia no território encarcerado da facção. Acaba preso em meados de maio do mesmo ano, antes de se entregar, em um flat em Caldas Novas/GO. Segue vivo por enquanto, já que este evento está longe de terminar.

Em final de julho de 2018, chega a vez de Esporão ser executado, na zona leste de São Paulo, com mais de 70 disparos de fuzil contra seu veículo blindado. Pelo visto, entregar de bandeja a cabeça de seu antigo parceiro Pixaim não foi o bastante para se safar.

ASCENSÃO E QUEDA DE UM BANDIDO DESCARTÁVEL

Rio Grande do Sul, São Paulo, 2006 a 2018

Violência e surpresa constituem a estratégia fundamental utilizada pelos criminosos faccionados na guerra interna deflagrada a partir dos homicídios de 88 e Anta. Os cabras são perigosos, e não marcam bobeira. Só caem com muita ignorância mesmo.

Veja o caso do Esporão, o mais novo defunto do livro. Aparece em 2006, preso pela Polícia Federal dentro de um túnel com mais 27 comparsas, em Porto Alegre/RS. Passado um ano do "bem-sucedido" furto ao Banco Central de Fortaleza/CE, usariam a mesma técnica (escola criminal genuinamente brasileira, capitaneada por Mosca Branca) para roubar outro banco, desta vez na capital gaúcha. Para tanto, chegam a comprar pequeno prédio a poucos metros do alvo e, com a desculpa de fazer uma reforma, movimentam todo o material de construção necessário à escavação.

Já no final da empreitada, após quatro meses, a PF é obrigada a intervir antes da consumação do crime, infelizmente. Nossos agentes, entre os quais o bravo Piauí (guarde esse nome), Cabeça Chata e Armênio, monitoravam a ação delituosa desde o início e detectaram que bandidos travestidos de policiais iriam extorquir o bando tão logo metessem a mão no dinheiro. A antecipação do bote foi a única alternativa que restou. Com isso, Esporão e seus asseclas acabaram indiciados por tentativa de furto, sendo soltos em pouco tempo. Mesmo com todas as evidências colhidas no túnel...

Para mostrar que não estava de brincadeira, Esporão protagoniza assalto espetaculoso a banco em Guarulhos/SP, no ano de 2008. Quadrilha composta de 15 integrantes armados de fuzis e metralhadoras atinge seu objetivo, mas é perseguida pela polícia até a zona norte da capital. No decorrer da cinematográfica troca de tiros, morre um soldado da PM, um desavisado motociclista, vítima de bala perdida, e um parceiro do Esporão – que também estava entre os 28 presos no túnel de Porto Alegre e havia planejado, ainda, o sequestro de conhecido jornalista televisivo para que a emissora transmitisse, em rede local, exigências da facção paulista para a melhoria do sistema carcerário no Estado, em meados de agosto de 2006, após os atentados que pararam a capital. Outros nove policiais são feridos, além de dois transeuntes. Desastre total. Capturado, Esporão recebe pena à altura: 65 anos de reclusão.

Porém, isso aqui é Brasil. De dentro da cadeia, em 2011, o incansável ladrão organiza furto de mais de cem cofres de uma agência bancária na Avenida Paulista, coração financeiro do país, como tanto gostam de propalar. Acontece que importante artéria do tal coração foi gravemente comprometida com a ação na calada da madrugada. Coincidência ou não, a mesma hora avançada em que um então invencível lutador de MMA tupiniquim, no auge da fama, projeto de ídolo nacional, desmontava mais um pobre adversário. Joias, relógios, títulos públicos e dinheiro não declarados de políticos e empresários influentes desaparecem.

Meses depois, imagina, um grupo de policiais supostamente envolvidos nas investigações pede aposentadoria. E, do nada, se refugia em condomínio de luxo em Miami, EUA, erguido pelos próprios ex-agentes públicos de segurança abastados. Até hoje, nos bastidores, este é considerado o maior roubo a banco da história do nosso país.

Cada vez mais poderoso e montado em quantia incalculável de dinheiro ilícito, mesmo condenado e preso, Esporão tem pedido de habeas corpus aceito pelo Supremo Tribunal Federal, em julho de 2015. Logo o benefício estapafúrdio é revogado, mas ele não se apresenta à justiça, óbvio. Diligências localizam a figura no mês seguinte, em badalado camarote do estádio da Vila Belmiro, em Santos/SP, durante partida de futebol do seu time do coração contra o esquadrão da casa, pela Copa do Brasil.

Trajando camisa estampada com a imagem do personagem mafioso Tony Montana, interpretado por Al Pacino no filme Scarface, tenta fugir em meio aos torcedores enfurecidos com a eliminação precoce do time visitante nas oitavas de final. Quase se pode ouvir o envolvente e hipnótico tema musical do protagonista da película (o cubano exilado) durante a correria insana de Esporão. Mas é alcançado pelos ávidos policiais disfarçados no seu encalço. E se entrega sem mais resistências.

Exatamente um ano depois do primeiro habeas corpus, a instância máxima do Poder Judiciário põe Esporão na rua novamente, em julho de 2016. Alegação do "suprassúmico" ministro: ofensa ao princípio de presunção de inocência. Dessa vez a revogação demora um pouco mais, sendo emitida apenas em maio de 2017. Dizer que ele sumiu de novo é chover no molhado, concorda? Contudo, a prisão derradeira de Esporão ocorreria em julho de 2018. De maneira definitiva mesmo, embaixo da terra, para todo o sempre. Pena capital proferida pela mão pesada de seus próprios comparsas, veja só. Descanse ao lado do capiroto! Se puder...

INFILTRAÇÃO CORROSIVA

Sertão cearense, 2007 e 2008

Nas palavras do Piauí (lembra dele?), tanto Esporão como outros dos 28 do túnel, em Porto Alegre/RS, já demonstravam certa liderança desde o terrível maio de 2006, quando ataques criminosos coordenados acuaram as forças de segurança pública paulistas. Ganharam holofotes midiáticos que acabaram por impulsionar seu protagonismo na facção.

Especialista em infiltrações controladamente imprevisíveis em essência, não tem jeito, Piauí, este pequeno homem de cabeça e inteligência avantajadas, teve participação imprescindível na resolução de grande parte do furto ao Banco Central de Fortaleza. E se tortura por isso até hoje. Vamos entender um pouco mais essa história, eivada de suspense, ação e drama.

"Canto e conto por miúdo o apuro dos meus pecados. Contorcionismo de olhares, baião de dois bem grudado. Uma paixão terrorista, de bala 'trinteioitista', perfura o peito blindaaaaaadooo", solta a voz.[6]

O ano é 2007 e a saga de infiltração do "caixeiro viajante Raimundo" já dura intermináveis seis meses. Natural de Piripiri, no interior do Piauí, mas bastante rodado por esse mundão de Deus; formado em Letras e Direito; caçador nas horas de folga, não sente dificuldade em se passar por sertanejo de sotaque misturado entre o cearense e pernambucano, inclusive na reprodução precisa de piadas e canções de cordel, artimanha necessária para conquistar e cativar clientes para suas bugigangas. E também colaboradores desavisados para seus intentos investigativos.

De repente, lá no início de sua aparição, conhece a "mulher da sua vida" em visita "ocasional" a uma região de assentamentos, bem no centro do Estado cearense. Palmas em frente a pequeno portão de madeira despertam o primeiro encontro:

Klapklapklapklapklap!

Ela espia em meio à cortina da sala, ressabiada. Está sozinha, e

---

6. *"Meus pecados prediletos", de Jessier Quirino, com participação de Xangai.*

seu pai, de quem mata saudades aos finais de semana, não gosta que receba pessoas em sua ausência, mesmo tendo ela literalmente nascido nesta casa pelas mãos de competente parteira local. Agora, trabalha na capital, mas conhece praticamente todos dali. Menos esse abestado tão desmilinguido quanto até jeitosinho, pensa, certamente atrapalhada pela cortina em sua análise de boniteza claramente questionável.

— Bom dia, minha flor! Qual sua graça?

— Cremilda.

— Satisfação. Raimundo, ao seu dispor! Será que posso lhe mostrar alguns produtos pra embonitar ainda mais sua formosura?

Cremilda cora.

— Que cê tem aí? – tenta disfarçar que gostara do galanteio.

— Maquiage e o escambau pra cama, mesa, banho, a casa toda, veja só!

— Ar-Maria, num careço de pintura não, mas meu pai quer muito uma rede nova. Será que tu tem isso aí nesse balaio de gato? – ruboriza ainda mais. Não sabe o que lhe deu na telha para mangar de pobre homem trabalhador botando pra moer com essa soleira na mufa. "Avalie o sufoco, meu Padim Ciço!"

— Claro que sim, minha linda! Desculpe o mau jeito desse abilolado. Sou novo nessa lida, sabe? – o experiente agente percebe que seu lado cômico (novidade até para ele), junto com dose de melancolia digna da grande escola cearense de humor, pode ser a porta de entrada.

Confusão coreografada enquanto se livra de bolsas e penduricalhos para pegar a rede faz com que ela ria e chegue receptiva ao portão, já fisgada pelo visgo encantador do forasteiro.

— Importante testar o produto, viu, meu pitel? Posso pendurar?

— Vixe, carece mermo?

— Sim, moça faceira. Temos que saber se guenta o peso de dois.

— Eu e você, é?

— Oxente, tá vendo mais alguém aqui? Se aprochegue que eu não mordo não.

A rede passa com louvor no teste de qualidade, inclusive com picos crescentes de sacudidas ritmadas, bem ao estilo forrobodó da moléstia, outra aptidão do prendado piauiense pé de valsa. Rápido no gatilho, Raimundo engata breve namoro seguido de noivado e conhece o futuro sogro, por quem igualmente se afeiçoa, não sem antes passar por uma prova de fogo.

Sempre no limite, a tensão do infiltrado beira o insuportável. Qualquer deslize nesse meio é pago com a própria vida. Por um tempo, no início da aparição de Raimundo, Piauí desconfiava que o sogro queria matá-lo. Ainda não sabia se o velho tinha algum tipo de envolvimento com a quadrilha. Sua única certeza era de que o assentamento representava o covil do grupo criminoso. E ele ali, sozinho e desarmado, figurava como presa fácil.

Certo dia, voltando de um povoado próximo na garupa da moto pilotada pelo sogro, estrada erma, sente que chegou sua hora ao perceber o homem encostar o veículo à beira do matagal.

– Que foi, algum problema? – coração disparado.

– Quero ter uma prosa rápida, a sós – diz o matuto veio, com revólver à mostra na parte da frente.

– Mas aqui?

– Você é mesmo quem diz que é? Porque de bandido a gente tá arrudiado.

– Claro que sim, seu Ernestino. Sou homem de Deus. E amo sua filha!

Neste instante choro brota de seus olhos como cascata lacrimejante. E logo pensa: "Me lasquei"!

– Muito bem, vambora – o sogro termina a conversa.

Tenebroso mergulho em águas profundas de expectativas e segredos alheios, possibilitado por apneia sufocante e no escuro, confunde os papéis de Piauí e Raimundo. Ou seria Raimundo e Piauí? Com o passar do tempo, é aceito por maioria de moradores do aprazível conjunto de chácaras e participa de festividades coletivas, nas quais colhe informações preciosas para identificação e qualificação de alvos prioritários envolvidos no grande furto de 2005.

O vizinho de sua noiva, de alcunha Nazi, por exemplo, está solto e é simplesmente o principal personagem nordestino do grupo criminoso que deixara de quatro, e boca aberta, boa parte da estrutura de segurança pública brasileira. Perigoso, reservado, arredio, não dá as caras desde que Raimundo se assentara por lá, o que representa grave problema.

Na última andança de "vendas" para conquistar seu ganha-pão, Raimundo/Piauí troca o chip de caixeiro viajante para o de policial.

– Você tá se arriscando demais dessa vez. Temos muito mais do que esperávamos. É hora de deixar Raimundo e sua noiva para trás – tento convencê-lo a abandonar o posto, prevendo o pior. Estamos no ponto secreto de apoio.

– Falta um tiquinho assim, ó, macho, pra eu saber o paradeiro do Nazi – afirma, irredutível.

– E para de falar cearês, miséria! Tem certeza que ninguém desconfia? Esse sumiço dele é estranho.

– Bem, tá na hora de voltar, amigo – desconversa. – Agora não passa de uma semana. Aí sim entrego o serviço completo.

– Estamos de olho, hein! – eu não poderia esperar outra atitude do Piauí, teimoso como um jegue.

A semana voa, e nenhum sinal de vida dele. Então a luz vermelha acende com a notícia de um velho informante, sumido há um bom tempo, curtindo as benesses das últimas contribuições, sempre precisas.

– Tira rápido seu colega de lá.

– Que colega? Lá onde? – faço-me de sonso.

– Se quiser pagar pra ver, a culpa vai ser toda sua.

– Do que você tá falando, desgraça? – mantenho.

– Nazi é muito desconfiado e eu soube que vai dar uma incerta nessa noite. Se tiver lá, o homem tá morto.

Mais específico impossível. Organizamos, na correria, pequena equipe do Comando de Operações Especiais para exfiltrar imediatamente nosso bravo guerreiro camuflado. Se conseguirmos prender Nazi, melhor ainda. Porém, a prioridade inquestionável é tirar nosso homem de lá. Custe o que custar. Uma montanha de entraves, entretanto, ergue-se nas brechas da falta de planejamento. A região do assentamento não é de fácil acesso, e a urgência da intervenção nos pega de calça na mão em termos de viaturas e mesmo aeronaves disponíveis no momento.

A base secreta de apoio ao agente fica a poucos quilômetros do local, se considerarmos uma linha reta. Contudo, o trajeto só pode ser percorrido a pé, dada a característica íngreme e acidentada do morro que separa os dois pontos. Já estamos no meio da manhã, sol a pino, e partimos juntamente com os companheiros águias[7], montados em pesados coturnos e fardas, além de quilos e quilos de armamento, munições e outros equipamentos. Somos o plano B, já que potentes viaturas (distantes ainda centenas de quilômetros, é verdade) ganham a estrada para invadir o povoado e cumprir a missão.

Nosso grupo alternativo, porém, demonstra-se frágil devido ao intenso calor. Condicionamento físico impecável e fortaleza psicológica da tropa de elite não são páreo para as condições insuperavelmente adversas da bruta natureza hostil nordestina. Os homens caem, um a um, vencidos pela tirânica insolação. Mais leve e focado em estar ao lado do meu irmão de armas para o que der e vier, tiro o colete, pego um cantil de água e continuo a subida buscando forças sabe-se lá de onde. Na descida todo santo ajuda, imploro para o dito popular funcionar.

Apareço sozinho, exaurido, no ponto de extração. A tarde cai e o tempo de retirar Piauí em segurança se esvai, como farelos arenosos numa maldita e irreversível ampulheta. Não faço ideia de onde está o comboio de viaturas possantes, muito menos a equipe morro acima. Ou abaixo. Hora de ativar meios de fortuna, quando o improviso suplanta qualquer condição ilógica reinante. Ou seja, hora do plano C.

---

7. *Designação do policial que tem brevê exclusivo do Comando de Operações.*

Do nada surge andarilho providencial. Troco com ele, sem dificuldade, o cantil que carrego e minha surrada botina por meia garrafa de pinga e um par de Havaianas das antigas – da época em que Havaianas só eram calçadas por pedreiros. Junto com minha fina estampa de pequeno, preto e cara de pobre, forjo nova identidade de amigo de copo do Raimundo.

Molho a camisa com a bendita marvada e encontro o portãozinho de madeira corroída.

Klapklapklapklapklap!

Como ninguém atende, apelo:

– Raimundo, cabra da peste, vamo tomá uma! – aos berros, com a garrafa no suvaco.

Logo ele sai da toca:

– Agora pronto! Já tá bebo, sua besta!? – Piauí entende na hora a gravidade da situação e entra no teatro, pois a vizinha fuxiqueira de sempre espreita da janela.

– Minha muié me deixou, Raimundo! Vô arrancá as tripa do féla da puta que tá relando mais ela. Dá-lhe uma facada no bucho que vão ter que colocá remédio de pá no infeliz!

– Num fresque não, macho! Vamo ali no mosqueiro esfriar a cabeça.

Já distante das casas e muito contrariado, Piauí é só perguntas:

– O que você faz aqui? E sozinho, ficou maluco? Sabe quanto tempo tô no caso? Você vai melar tudo, porra!

– Calma, parceiro. Pelo contrário, só vim porque a urgência da situação não poderia esperar. Você foi descoberto, vão te matar hoje. A casa caiu.

– Mas não pode ser. Será que vazou? Não posso simplesmente sumir. Como eles vão ficar?

– Presta atenção, não tem outra saída. Além disso, eu e minha Galega decidimos que você será nosso compadre. Raysha fez dois anos e ainda não foi batizada. Você vai ser o padrinho dela, e sairá vivo daqui, seu viado, tenha certeza.

Raimundo nunca mais foi visto por tais bandas.

O pai voltou mais cedo para casa naquela noite. Sua filha, noiva de Raimundo, decidiu ficar um pouco mais na igreja. Estranha a ausência do genro, sempre tão caseiro. Um bom homem para sua filha, contenta-se. Enquanto se ajeita na rede para enrolar o fumo e ouvir o radinho de pilha, cinco indivíduos mal-encarados invadem sua humilde residência.

– Cadê o genro, seu Ernestino? – Nazi, em pessoa, interroga o velho homem.

– Que isso, meu rapaz? Esqueceu os modos? – Ernestino viu todos ali crescerem.

– Não tenho tempo para besteiras, seu velho rabugento.

– Pois saiba que Raimundo é homem de bem, muito diferente docês que escolheram o caminho errado.

– É exatamente aí que mora o perigo. Ele parece do bem demais.

– Fora da minha casa, seus vagabundos, bandidos!

– Anda, velho, última chance. Onde esse tal de Raimundo se meteu?

– Mesmo que soubesse eu não diria – Ernestino assina sua sentença.

– Beleza, depois a gente volta. Té mais ver, velho teimoso – com olhar sinistro quase imperceptível, Nazi sinaliza algo terrível a capanga obediente ao extremo. Depois dá as costas e atravessa o portão empenado.

Sentindo-se forte e vitorioso em seu próprio chão, o pai da noiva de Raimundo tomba após estampido duro, seco e covarde endereçado à sua cabeça.

***

Meses depois, já em 2008, um Piauí encapuzado e com sangue nos olhos retorna para pegar Nazi. Desta vez junto a cerca de 40 policiais disfarçados de romeiros. É 19 de março, Dia de São José, pai terreno de Jesus e padroeiro dos trabalhadores e das famílias. Normal o fluxo intenso de pessoas em direção a igrejas e festividades populares nesta data, seja a pé, no lombo de jumentos ou apinhadas em paus de arara. Os nossos romeiros vêm empoleirados na caçamba de um caminhão torto de dar dó, mas com fuzis malocados entre a palha do assoalho.

Habitante da casa com a melhor vista dos acessos de chegada à serra de Santa Rita, no antigo povoado do Cavalo Morto, onde agora se refugia, Nazi dormita na rede da varanda. Não gosta de dias movimentados assim. Toma seu café amargo, fixa olhar perdido no horizonte e pensa o quanto sua vida mudou desde o furto ao Banco Central de Fortaleza. Todo o árduo trabalho de escavação do túnel nada representou em comparação ao que viria depois. Traições, roubos, assassinatos, extorsões policiais. Não sabe como permanece vivo. Quer dizer, sabe sim. À custa de quase a totalidade do seu quinhão.

A cafeína aguça sua percepção e repara caminhão aproximando-se ao longe, mais lentamente do que o normal, e de faróis apagados. Os ponteiros do relógio de parede ainda não cravaram cinco da matina. A passagem do breu sombrio da madrugada em que esteve insone ao alvorecer radiante do novo dia está em pleno curso. No entanto, de todos os veículos motorizados que acompanhou, este é o único que parece se esgueirar, de forma suspeita, camuflada.

Para aumentar sua cisma, percebe revoada inesperada de pássaros na mata, pelo flanco esquerdo de sua propriedade, acompanhada de alertas delatores de cães, gansos, equinos teimosos... enfim, de toda a bicharada revoltada com a presença de intrusos em seu território, certamente. Sem mais pensar, Nazi pega seu fuzil, cantil e bornal de cangaceiro e veste seu gibão de couro. Em seguida lança-se, instintivamente, nos espinhos e galhos retorcidos de sua amada caatinga. Ali ele também é um animal. E ai de quem cruzar seu caminho.

Piauí toca as costas da mão esquerda em caneca de café morno e senta na rede há pouco abandonada, ainda a reter calor humano. Conhece o material como ninguém. Arranca a balaclava e, com raiva, é possível reparar lágrimas em olhos desconsolados. Porém, sua lamentação logo tem que ser deixada de lado ao ouvir no rádio da polícia sobre um colega romeiro em apuros. E não é qualquer policial.

Corre até beirada de ribanceira íngreme, de causar vertigem, só que encoberta por traiçoeira vegetação ciliar na margem. O próprio Piauí, já avisado, quase despenca na mesma arapuca. E vislumbra, sem segurar o riso, seu mais novo e único compadre esparramado na cerca de arame farpado que contorna todo o curso do riacho pedregoso abaixo, parecendo uma mosca a se debater em viscosa teia de aranha.

– Vê lá, hein, Piauí! Não vai contar essa derrota pra ninguém não, né? – tento levar na esportiva.

– E precisa, Renato? Olha quanta gente tá vendo – gargalha, enquanto rompe os cabos cortantes com um alicate destes gigantes.

– Ele fugiu nesse sentido. Eu só não sabia que tinha essa merda dessa ribanceira aqui.

– Deixa com os especializados. Vamos embora. A caatinga é o juiz agora – diz Piauí, nitidamente contrariado.

***

Só para constar, Nazi continua foragido da justiça. Até 2020, é o zero um da lista da polícia do Ceará a ser preso. E, reza a lenda, Cremilda permanece a esperar seu amado, todas as noites, junto ao portãozinho de madeira corroída.

ENCONTRO MARCADO

Águas Claras, Brasília/DF, 2050

Raysha deixa a Ponte JK sem olhar para trás. Em mãos apenas um cinzeiro vazio ainda quente de sua mãe desintegrada e um amontoado de papéis com histórias perdidas de seu pai ausente. Passado e presente mesclam-se sem liturgia ou mais-valia qualquer necessária. Informações demasiadamente conhecidas, porém a anos-luz de distância, atordoam-na. Precisa beber e esquecer.

Desabilita sua rede neural, faz-se só – condição a que se acostumou a gostar – e segue rota sensorial óbvia. Sabe que encontrará porto seguro no destino escolhido, apesar de uma trinca de décadas no escuro, longe dos pais e dos bares de Águas Claras, bairro capital que a define.

Sente-se perseguida com acompanhamentos que beiram a ostensividade desde sua volta ao Brasil. Aprendeu com o velho Renato Júnior, seu pai, que sempre seria alvo de contínuo monitoramento – fosse de governos, polícias, organizações criminosas, políticos – apenas pelo fato de ser filha de quem é. Ou de quem foi... hoje se descobre apartada involuntariamente de qualquer afeto ou equilíbrio.

Sim, o boteco resiste, constata após breve caminhada. Só por causa do dono, português mal-humorado e, por isso mesmo, muito engraçado.

– Seu Joaquim, lembra de mim? – Raysha usa bordão (mais uma semelhança com sua mãe) de seus tempos adolescentes, iniciante ainda na arte etílica.

– Ray Ray? És tu mesma, ó rapariga? – os olhos do nonagenário de mente intacta marejam imediatamente.

Assustada e lisonjeada com pronto reconhecimento depois de tantos anos, tasca-lhe um abraço apertado, carregado de saudade. Ambos, turrões, choram baixinho em longo silêncio solene. E logo desandam a tagarelar, como nos velhos tempos.

– Quinzinho, Quinzinho, já falei pra parar de me chamar de rapariga. Não pega bem no Brasil, você sabe – brinca, enxugando as lágrimas.

– Ora, pois, de moça é que não vou chamar-te. Vais um cacetinho, aí? – o português oferece com ar sacana.

– Ei, isso aqui é um bar ou uma padaria? – ela retruca com mais ironia.

– Graças a Deus é uma tasca, meu sustento por todos esses anos!

– Quinzinho, meu amigo, tem certeza de que não entrou nessa onda de aperfeiçoamento corporal? Os anos não passam pra você. Cadê os chips, os plugs? – Raysha continua a provocação.

– Vejas bem, minha Ray Ray, garanto que é tudo original da fábrica de Deus. A humanidade ainda vai pagar por todas essas heresias.

– Ah não, seu Quim, está muito cedo pra falarmos de religião, por favor. Desce qualquer coisa aí, urgente!

– Peças o que quiseres, minha querida. Tua despesa hoje é por conta desta casa de Deus!

– Amém! – puro sarcasmo destilado.

Após matar a sede com os primeiros tragos do bom e velho hidromel, seguido de uma cerveja bem gelada, de qualquer rótulo ou safra, só então percebe o quanto o retorno gritava em si por uma chance de acontecer. O mundo e as pessoas em crescente conexão virtual *ad aeternum* não são páreo para uma simples constatação inexorável: as coisas físicas, os lugares físicos, os seres biológicos físicos ainda representam realidades insubstituíveis para relações verdadeiras. Pelo menos para ela, que observa o cenário ao seu redor, composto, em sua maioria, por pessoas isoladas, embevecidas por tecnologias que amalgamam cenas aumentadas, virtuais, inventadas, difusas, deslocadas de onde estão de fato. O momento que experimenta ali revela-se absurdamente silencioso, sem alegria, sem vida.

No mínimo, tem o Seu Joaquim a encher seus ouvidos de perguntas bem humanas:

– Por que ficastes tanto tempo sem dar as caras, ó Raysha?

– Ocupada, sabe como é.

– Soube que sua mãe faleceu. Meus pêsames.

– Obrigada, mas como você soube? – estranha, pois não se passaram nem 48 horas da morte.

– Ela vinha aqui às vezes. Sentava onde você senta só pra matar a saudade, ora pois.

– Conversa fiada, portuga duma figa! – retruca, levemente bêbada e meio impaciente.

Ele insiste na conversa:

– Mas o que você tem feito na Europa? Trabalha com o quê? A tecnologia por lá está mais avançada, não é? Soube que estão conseguindo se comunicar por pensamento, telepatia, é isso? Onde esse mundo vai parar, meu Deus?

Ela franze a testa e não entende bem onde seu interlocutor quer chegar.

– Bota na Cabaré Rádio, vai! Acredita que os velhos amigos roqueiros malucos do meu pai ainda estão na ativa? Só pode ser sacanagem ahahaha!

– Sim, tudo bem, só me preocupo com ti. Veja lá se não te metes em confusão. Ficarás quanto tempo por aqui?

Raysha dá de ombros, pega seu copo e vai olhar a rua. Não gosta de intromissões. Para sua surpresa Rod Stewart preenche o ambiente com rouquidão há muito não sentida por ela: "I don´t wanna talk about it, how you broke my heart. If I stay here just a little bit longer..."[8]. Ela ri com a coincidência de música bem oportuna para o momento.

Aproveita o clima para encarar seu pequeno reino encantado das Águas Claras. Quantas memórias... a "Manhatan do Cerrado" continua de pé e imponente com suas construções altivas e excludentes de berço, publicidades holográficas reluzentes e transeuntes apressados e ilhados em suas frenéticas inovações científicas. Melhor voltar para as perguntas enxeridas do velho bonachão.

Quando está prestes a esquecer quem é por uma noite que seja, chega um mendigo. Fedido, bêbado, maltrapilho, aborda mesa a

____

8. *Em tradução livre: "Eu não quero falar sobre isso, como você partiu meu coração. Se eu ficar por aqui um pouco mais..."*

mesa, como um pirata intransigente e empedernido. Ela observa cada investida infrutífera e se solidariza com alma perdida, não percebe por quê.

Então chega sua vez. Ela tenta se antecipar:

– Meu senhor, não tô...

– Minha bela menina, você não teria uma boa dose de hidromel para um velho amigo cansado?

– ... pra ninguém – surpreende-se por alguém reconhecer sua bebida predileta.

– Sim, sim, sim, me desculpe. Saiba que você se tornou uma senhora muito distinta – ele esbarra na mesa ao fazer menção de sair e faz cara de dor. – A quina da mesa deixa hematomas, não é?

– Perdão, senhor, o que disse? – ela segura seu braço e tenta entender sinais aparentemente desconexos, porém repletos de sentido.

– Não, não, nada. Sou apenas um piauiense de cabeça grande e chata, como meu irmão do peito sempre diz – e começa a cantarolar, com sotaque nordestino tão familiar: "But I still haven´t found what I´m looking for..."[9].

Hidromel, hematomas na quina, piauiense amigo que conhece a música de que mais gosta, do U2, alçada por ela como hino representativo de toda a saga pela procura do seu pai. E ainda tem os olhos, o tom amistoso da voz...

– Dindo? É você?

Sua cabeça dá um looping e ela quase desfalece. O homem a ampara, faz um xiiiii bem baixinho, olha-a fixamente e coloca um pequeno pacote em suas mãos geladas, contendo um bilhete e um microchip. Lá detrás do balcão, sem perceber a entrega do papel, Seu Joaquim escorraça-o do local:

– Com essa aí não, vagabundo! Pode circular, sai, sai, sai!

O mendigo deixa a tasca do portuga e, apenas com o olhar, im-

---

9. *Em tradução livre: "Mas eu ainda não encontrei o que estou procurando..."*

pede que Raysha o acompanhe. Sim, ela conhece esse olhar. Desesperada, abre o bilhete, esforçando-se para manter um ar dissimulado: "Temos muito a falar, mas você está sendo vigiada. Não me siga agora. Recomponha-se e me encontre amanhã bem cedo na central subterrânea de coleta de lixo, no limite leste da cidade. Venha limpa, sem nada conectado. Apenas este chip a ser ativado atrás de sua orelha. Ele lhe servirá como documento falso e lhe dará uma nova identidade, pelo menos para as câmeras de vigilância e os autômatos. Beijos, minha pequena Ray Ray!".

"Claro, só pode ser ele", pensa com a liberdade de estar desconectada. Acha difícil haver alguém de carne e osso no boteco a espioná-la. Já traçou o perfil de todos ali e ninguém se encaixa no papel de agente disfarçado. Por outro lado, sabe que existem câmeras, sondas, sensores, parafernália tecnológica embutida em tudo que é canto, inclusive na forma de ultrapassados gadgets, como óculos, relógios, celulares, e também de implantes corporais que utilizam chips e nanobots exatamente para eliminar a necessidade de telas ou quaisquer plataformas físicas. Sem falar na temida *smart dust*, indefectível poeira inteligente que tudo registra e transmite. Agora não tem jeito. Ela "ativa" seu modo paranoico.

Lembra-se do chip injetado em seu dedo durante visita ao apartamento dos pais. "E se não for temporário?". Mas recorda que, na saída, passou pelo procedimento de inabilitação. Não deve ser isso.

Desconfiança mais sinistra surge em sua mente e escorre espinha abaixo: qual a probabilidade de o Seu Joaquim reconhecê-la de maneira tão imediata após 30 anos? Era como se ele já a esperasse. E que perguntas intrusivas foram aquelas? O que ele sabe sobre redes neurais telepáticas?

Raysha corre para o banheiro e faz análise minuciosa de suas roupas de tecido normal, sem recursos inteligentes de funções térmicas, hidratantes ou comunicacionais, mas que poderiam conter algum dispositivo colocado durante o abraço que deu nele, vai saber. Nada encontrado. Idem para os seus cabelos, estrategicamente presos em um coque. Cuidado obsessivo com o seu copo sempre teve, o que a faz descartar também a hipótese de o velho rabugento ter plantado algo em sua bebida.

Enquanto recoloca a vestimenta, repara suas unhas postiças autocolores. "Merda, essa é a porta de entrada", identifica. Tira uma a uma, deixa o aplicativo ativo em seu nome e doa o material delator a um ser híbrido e narcísico ao seu lado, que não se cansa de repetir caras e bocas para o espelho do banheiro.

– Cansei delas. Quer pra você?

– Mesmo? São tão bonitas. Tem certeza? Vão combinar muito comigo, não acha?

– Sim, claro. Ficarão perfeitas em você.

O futuro da Raysha de 15 anos em 2020 é sombrio para sua versão trinta primaveras à frente. Além da fulminante solidão, experimenta angustiante sensação de não pertencimento. Até hoje não possui gravada na pele sequer uma mísera *tatoo*, pecado inconfessável que guarda a sete chaves. Imagine se um biohacker de raiz, como o ciborgue biopunk sem gênero definido do banheiro, descobre tamanho sacrilégio?

Ela volta ao banquinho junto ao balcão e se pergunta como deixou seu padrinho partir, apesar de saber que é o único contato próximo ao seu pai de que tem notícias nos últimos trinta anos. Confia e resolve esperar o dia amanhecer. Enquanto não clareia, só para sacanear o portuga traíra:

– Quinzinho, mais uma pra mim! – o português coça a cabeça, em evidente arrependimento da promessa "por conta da casa".

Raysha pega o original não publicado do segundo livro de seu pai e, com o coração acelerado, continua a leitura à procura de respostas. Tem a madrugada inteira para tal, bem como para voltar a roer as unhas.

COMO NASCEM OS PLANOS

Campinas/SP, dezembro de 2015

Vistas de cima, as dimensões um tanto modestas do Ranchinho Relax Exclusive meio que atenuam as maravilhas escondidas no complexo de pura diversão adulta. Piloto tenta disfarçar sua euforia com a missão. Afinal, há bastante tempo só rói osso, na dureza cotidiana (e perigosa) de transportar drogas, armas e dinheiro sujo para a facção. "Chegou a hora do filé", comemora.

– Veja lá o heliponto! Chegamos na hora – Pixaim dá uns tapinhas nas costas de seu competente chofer de luxo.

E realmente causam ótima impressão nas meninas, curiosas com a extravagância do helicóptero com tecnologia de ponta. Quase ao mesmo tempo, sem alarde, Mosca Branca atravessa o portal do Ranchinho dirigindo seu Santana prata. *Habitué* incorrigível do local, Maquinado, o terceiro integrante do encontro, aguarda os companheiros já sentado à discreta mesa de sempre, de frente para a porta de entrada, no fundo do salão obscurecido por luzes negras e feixes caóticos de raios lasers, ao lado da saída para a piscina e o estacionamento.

É início de tarde de um dia de semana que promete. Nas caixas de som, só para aquecer, toca um funk proibidão carioca, exemplarmente coreografado pelas dançarinas no palco.

Feitas as apresentações (Mosca Branca e Maquinado não se conhecem, pelo menos pessoalmente), Pixaim pede logo uma garrafa 12 anos:

– Pra esse aqui, suco no canudinho – referindo-se ao Piloto. – Espera a gente lá fora – ordena ao subalterno, cabisbaixo e resignado.

Sem perder tempo, três mulheres sinuosas largam o pole dance e se aproximam, languidamente. Garrafa de uísque na mesa e helicóptero são sinais de grana, muita grana, não importa a origem. Mosca Branca, então, de forma educada e sedutora, retira robusto maço de notas do bolso e distribui 500 reais para cada uma.

– Agora não, meus amores. Precisamos conversar antes sobre negócios.

– Isso, vão se aquecendo aí que logo, logo a gente vai se divertir – emenda Pixaim.

Vendo-se fora do círculo, Piloto engasga com o suco e vai tomar um ar fresco na área da piscina.

– Muito bem, senhores, o objetivo aqui é discutir detalhes do plano de fuga dos irmãos da Final guardados na P2 de Venceslau. Por isso, Mosca, convidei o Maquinado, responsável pela ação na linha de frente – porta-voz das lideranças da facção paulista, Pixaim inicia a conversa.

– Certo, me digam exatamente o que vocês estão pensando em fazer. E quais são as credenciais do Maquinado? – Mosca Branca pergunta sem melindres.

– Ah, sim, nosso amigo Mosca tem os melhores contatos. Sem sua rede de apoio e capacidade de articulação, esse plano não vai pra frente. Sem o financiamento do Charuto, também não. E sem sua experiência de confronto armado, Maquinado, nada anda. Ou seja, somos um time – complementa Pixaim, levantando a bola de todos.

– Pois bem – começa Maquinado, impassível –, você deve ter ouvido falar no estouro da empresa de guarda de valores aqui de Campinas, no mês passado, né? Conseguimos quase 30 milhões e tudo foi dividido entre os integrantes e para a caixinha da fuga, conforme combinado. Esse foi só o cartão de visitas. Vem muito mais por aí. Mas precisamos desenrolar algumas questões de bastidores que não tínhamos previsto. Fazer alguns ajustes que aprendemos com esse roubo. E você, caro Mosca, é o melhor nisso – responde, diplomático.

O trio vence resistências iniciais e as ideias passam a fluir. Mosca Branca possui diferenciada visão empresarial do crime. É o verdadeiro representante prático da delinquência econômica de Gary Becker[10]. E defende um projeto ousado de criar um narcoestado brasileiro dominante de toda a América Latina, subjugando os todo-poderosos cartéis colombianos e mexicanos. Meritocracia é o que importa para ele, e mostra-se satisfeito com a primeira impressão

____

10. *Ganhador do Prêmio Nobel de Economia, em 1992.*

que percebe do Maquinado, ladrão de banco clássico, corajoso e, o principal, nem um pouco acomodado, tornando-se, no presente momento, o protagonista de uma nova modalidade de crime violento, ainda a confundir as forças de segurança pública: o domínio de cidades.

O tal "cartão de visitas" apresentado pelo Maquinado nada mais é do que o evento inaugural, e já icônico, deste tipo de assalto a bases de guarda e transporte de valores, no caso a empresa multinacional atacada em Campinas, planejado e posto em prática por ele, em 6 de novembro de 2015. Na ocasião, dezenas de homens empunhando pistolas, fuzis, metralhadoras e farta quantidade de explosivos, armamentos restritos e dignos de um levante civil, invadiram e dominaram uma das maiores e mais ricas cidades do interior de São Paulo, distante a apenas 100 quilômetros da capital. Roubaram em torno de 28 milhões de reais (dados oficiais). O resto é história recente, ainda sendo escrita.

Por sinal, o surgimento e a evolução desta novidade criminal genuinamente brasileira foram lançados e, de certa maneira, esmiuçados no primeiro livro "Guerra Federal". Contudo, faz-se necessário agora explicar a motivação deste nascimento. Por que raios bandidos muito bem organizados, com papéis definidos e pesadamente armados, resolveram atacar alvos tão fortificados, considerados inexpugnáveis até então?

Sempre tem a primeira vez, é certo. E o montante de dinheiro custodiado, indiscutivelmente maior do que o existente em agências bancárias tradicionais, é a escolha racional do crime, vale o risco, tudo bem. Porém, a pergunta persiste. Qual a razão de planejar logística tão complicada e lançar-se em ação "na tora", com potencial mortífero atroz? Sempre há um motivo maior.

– Presta atenção, Mosca. Pelo que te conheço, você não vai querer perder esse bonde – Pixaim desempenha o papel de coach motivador, com óbvias sacadas vazias, típicas dos políticos com cargos de confiança, quase sempre descartáveis.

– Sou todo ouvidos – Mosca, com voz mansa e cadenciada, abre sinal verde para a explanação de Maquinado, o único que interessa ali. Um cara avulso, mas técnico, imprescindível. Como ele próprio.

– Muito bem, o roubo de Campinas foi o primeiro teste aplicado aos irmãos que tão lá se esforçando no curso intensivo do Paraguai – diz o coordenador do grupo restrito para o resgate da Penitenciária de Presidente Venceslau.

Um universo de possibilidades abre-se na mente astuta de Mosca Branca, que reconhece na hora potencial prospectivo enorme do plano. Sem dúvida, está dentro. E Maquinado, turbinado pelo combustível esclarecedor do uísque, desanda a palestrar, sob olhares auspiciosos de um Pixaim marqueteiro cada vez mais desimportante.

Enfim, o plano do século envolve treinamento de pessoal da pesada em táticas paramilitares de guerrilha urbana para resgatar, prioritariamente, o líder máximo da facção, Nareba.

Condenado a 330 anos de reclusão por uma série de crimes violentos e hediondos, como formação de quadrilha, roubos a mão armada, assaltos a bancos, carros-fortes e bases de guarda e transporte de valores, tráfico de drogas e homicídios, Nareba já escapou três vezes da cadeia, sendo sempre recapturado. E possui igual número de tentativas de fuga, como essa que se desenha agora no Ranchinho Relax Exclusive.

Só que seu patamar hoje é outro. Manda e desmanda em presídios dominados, acusação que nega veementemente, mas se encontra cansado de tanto poder vigiado, gradeado. Isolamentos punitivos e humilhantes de seguidos regimes diferenciados, que somam mais de 1.400 dias ou quase quatro anos, talvez comecem a trincar sua carcaça dura.

Qual o limite para um ser humano suportar, por mais frio psicopata que possa ser, tantos anos em uma solitária, 22 horas por dia trancafiado numa exígua cela sem nada para fazer, a não ser remoer impulsos doentios?

– Precisamos turbinar o treinamento. Trazer a experiência dos melhores para serem instrutores, sabe? Aí entram seus contatos no exterior – Maquinado pede ajuda ao Mosca Branca.

– Concordo plenamente. Temos que profissionalizar todo o processo. E, de fato, conheço alguns mercenários que estão loucos atrás de trabalho.

– Sério? Quem? De onde?

– Calma que eu mesmo faço a ponte. Só confiam em mim. Podemos trazer o Espanhol, ex-guerrilheiro do ETA, perito em artes marciais, armas e explosivos, para dar esse suporte de consultoria e treinamento. E, além disso, reforçar o time de emboscada e contraemboscada com um pessoal bom da Nigéria, Somália, Ucrânia, Sérvia e Kosovo.

Espanhol havia acabado de treinar outro pessoal, sem relação direta com o grupo restrito do plano de fuga, para exterminar o atravessador "brasiguaio", que se autoungiu como o Rei da Cocada Preta na fronteira. Um pool de bandidos desafetos resolveu a parada, como já descrito no capítulo "Ceará na ponta da lança".

– Me parece ótimo – opina Pixaim, ignorado.

– Ahn, e o que mais você sugere? – pergunta Maquinado, enquanto procura uma posição mais ereta no sofá macio, demonstrando interesse total.

– Com tanto dinheiro envolvido, não podemos ficar à mercê de investigações policiais. Vamos trazê-los para o nosso lado, corrompê-los, dar uns "noiados" que cairão como integrantes de quadrilha e alguns fuzis enferrujados pra saciar a imprensa e a sociedade. Também posso viabilizar isso.

Ou seja, todo o terror de explosivos roubos milionários que passariam a pipocar pelo país nos anos seguintes, sob o novo rótulo de domínio de cidades, iria muito além do que imaginavam autoridades atônitas. Ao mesmo tempo em que certificavam as habilidades adquiridas pelos membros do grupo restrito no treinamento, os roubos violentos às bases de guarda e transporte de valores eram seguros, pois a polícia não partiria para o confronto sabendo que ia perder, e também angariavam um bom dinheiro para auxiliar no financiamento do motivo principal de tudo: o resgate de Nareba, encarcerado há quase 20 anos, tempo demais na visão de seus comparsas.

– Muito bom, ideias mais que perfeitas – elogia Pixaim.

Sobrando na conversa, levanta-se para ir ao banheiro e acha graça ao flagrar Piloto gozando com o helicóptero dos outros. No caso, do Charuto – financiador máster de todo o projeto.

Foragido da justiça paulista desde 19 de dezembro de 1998, quando escapou da Casa de Detenção de São Paulo, popularmente conhecida como Carandiru, junto com Nareba (ambos são amigos de juventude, tendo atuado lado a lado em assaltos a bancos nos anos 1990), Charuto tornou-se um dos principais narcotraficantes sul-americanos em atividade, visto que se estabeleceu em Santa Cruz de La Sierra, na Bolívia.

Orientado pelo amigo e sócio Nareba – que seria recapturado sete meses depois para permanecer enjaulado até o momento, por enquanto –, o esperto Charuto montou uma produtiva e rentável estrutura de produção e exportação de incalculáveis toneladas de cocaína que ganham o Brasil e o mundo. Continua oculto em terras bolivianas, fora do organograma da facção, protegido por autoridades corruptas.

Mosca Branca nota que sua influência pode aumentar de forma significativa ao entrar para valer nessa jogada. Mantém proveitoso contato profissional com Charuto, para quem desenrola negociações de liberação de contêineres recheados nos portos de Santos/SP, Paranaguá/PR e Itajaí/SC, e ainda traça rotas seguras de pequenas embarcações no litoral nordestino para embarque das mercadorias ilícitas a bordo de navios cargueiros em alto-mar. Até na capital paulista, um respeita os limites do outro: a favela de Heliópolis é "propriedade" do Charuto; enquanto Paraisópolis "pertence" ao Mosca.

Além disso, proximidade mais estreita com o irmão mais novo do chefão Nareba, o Narebinha, sensibiliza-o de vez a participar do plano. Em julho de 2001, Narebinha fora um dos 108 fugitivos da peneira em que se transformou o fantasmagórico Carandiru, que seria desativado e demolido no ano posterior.

Pois a fuga histórica, empreendida por meio de um túnel com acesso à rede de esgotos local, serviu de inspiração para o não menos espetacular furto ao Banco Central de Fortaleza/CE, em 2005, crime também já comentado neste espaço. Narebinha, provavelmente em busca de compreensível discrição pós-fuga, não tomou parte de tal ação. No entanto, estabelecido em Fortaleza, conheceu Mosca Branca e serviu de elo entre o novo amigo invisível e os integrantes da facção paulista, ávidos por replicar o método do túnel para fins de meter as mãos em uma grana preta, o que de fato funcionou. Narebinha, inclusive, ainda residente em Fortaleza, em dezembro de 2015, deu toda a força para o Mosca integrar a reunião no Ranchinho e ajudar a libertar seu irmão.

Tudo encaixado. Falta debater o plano em detalhes e estabelecer um orçamento inicial. Mas, enquanto o resgate não é colocado em prática, os assaltos às bases revelam-se oportunidade tentadora de fazer caixa. É verdade que o precavido estrategista Mosca Branca prefere túneis a tiros, por envolverem menos riscos, passarem longe de violências e, consequentemente, darem cana leve à sua equipe, em caso de flagrante delito. Porém, sabe que escavações têm ficado manjadas, além de despenderem tempo e dinheiro capitais.

As instituições financeiras, bastiães de um modelo capitalista cada vez mais apoiado em vãs tecnologias, defendem-se com sensores de movimento, fumaças enevoadas e até sismógrafos para detectar atividades subterrâneas incomuns, como pequenas explosões controladas, por exemplo.

Talvez esteja protagonizando o limiar de uma evolução criminal certamente ainda não mensurável no presente. Sente que o impulso transgressor é inerente ao ser humano. Se o crime não tem cura em si próprio, segue adiante. O que há de se fazer?

Maquinado recupera o diálogo, preocupado com a repentina introspecção do planejador:

– Ainda vou quantificar, mas penso em armamento de todo tipo, inclusive umas dez ponto 50, explosivo a dar com o pau, carros blindados, helicópteros, chácara de apoio, pessoal qualificado (tipo contentores, explosivistas, motoristas, olheiros, carregadores), deslocamentos, rotas de fuga, meios de comunicação, documentação falsa, contatos com países vizinhos parceiros...

– Eita, respira – Mosca interrompe Maquinado, bom executor, não tem mais dúvidas, porém perdido no labirinto de plano complicado. A pressão beira o insuportável para os inexperientes.

– Acho que me empolguei.

– Mas é exatamente o que precisamos agora. É só termos foco. Me diz o que você vê nesse palco.

– Nossa diversão de daqui a pouco.

– Tá, vamos lá, imagina que esse é o cenário da nossa ação. O presídio tá ali no lado esquerdo, representado pela loirinha estonteante rebolando na cadeira.

– Hummm, essa é minha! – Maquinado se desconcentra.

– Presta atenção, cacete! Do outro lado, ali onde descansa a ruivinha autêntica de pentelhos cor de fogo, está Prudente. É por lá que vamos começar.

O *scotch* canta forte e ambos mergulham de cabeça no desenrolar criativo e viril de possibilidades vis, como se estivessem acontecendo à sua frente. Primeiramente, deslocam o grupo de domínio de cidades para assaltar base de valores localizada em Presidente Prudente, município distante aproximadamente 60 quilômetros de Presidente Venceslau. Com o andamento do roubo, previsto para começar entre 2 e 3 horas da madrugada, grande parte do efetivo de policiais da região 18 será enviado a Prudente, deixando desguarnecidas as imediações de Venceslau.

No entanto, por precaução, meia hora após o domínio de Presidente Prudente, o batalhão da Polícia Militar da região de Venceslau é cercado e contido. Nas imediações são deixados artefatos explosivos com mecanismo de retardo para detonação remota via celular.

As torres de transmissão das redondezas despencam como varetas diante de potentes explosões, e o breu toma conta também das cidades vizinhas.

Então, o grupo principal de assalto – utilizando as mesmas técnicas do domínio de cidades e muito bem orientado pelas imagens prévias do presídio captadas por drones e pela planta baixa do espaço, conseguida com engenheiros responsáveis pela construção carcerária – entra em ação explodindo as muralhas da Penitenciária I, não importa quem estiver pelo caminho, se detentos ou guardas. Equipes de contenção, municiadas com fuzis e metralhadoras ponto 50, inviabilizam qualquer resposta dos agentes prisionais, bem como a aproximação de aeronaves policiais.

Os invasores acessam a unidade II em caminhão blindado com chapas de aço, equipado com ganchos para arrancar as celas e armado com mais metralhadoras ponto 50 para liberar não só os líderes da facção, a sintonia final, composta por nove integrantes, mas também perigosos assaltantes de bancos. O alvo prioritário é o Nareba, que ficará sob os cuidados diretos de Maquinado. Os demais líderes e outros companheiros importantes serão divididos em três helicópteros com diferentes planos de voo. Além disso, os presos comuns ficarão livres para decidirem o que fazer. Quanto mais irmãos escaparem, melhor para criar o caos e confundir as forças de segurança pública.

Maquinado e Nareba partem de carro, por vias secundárias já analisadas, para o ponto de apoio: chácara localizada na região da fronteira entre São Paulo e Mato Grosso do Sul, beirando a bacia hidrográfica do Rio Paraná. De barco, acessam pista clandestina onde um pequeno avião agrícola, usado para expelir agrotóxicos na lavoura, aguarda-os. Cruzam a fronteira com a Bolívia e aterrissam em Porto Quijarro. Já em segurança, uma comitiva do amigo Charuto leva-os até Santa Cruz de La Sierra.

Fim da saga. Início de novo papel dramático na vida real do crime.

– Bravo, bravo! Esse plano é sétima arte pura – vibra Pixaim, eufórico com a superprodução cinematográfica que acaba de testemunhar na qualidade de privilegiado coadjuvante, quiçá figurante.

– Antes faremos uns testes práticos em cidades do Nordeste, Minas Gerais e no interior paulista para chegarmos à perfeição. Ninguém irá acreditar até acontecer de fato. Isso eu garanto – afirma Mosca.

Os três brindam em homenagem à aliança. Percebendo o clima mais descontraído no grupo, as mesmas mulheres descem do palco inspirador e retornam aos braços dos atores canastrões como gatas no cio, agora sim sendo prontamente aceitas.

– Bem, já falamos do plano, de valores, mas e você, Mosca? O que vai querer em troca da sua participação? – pergunta Pixaim.

Mosca Branca solta um riso dissimulado, pede outra garrafa e diz:

– Relaxa, a conversa agora vai ser bem mais fácil.

REINO ENCANTADO DAS ÁGUAS CLARAS

Brasília/DF, 2050

Raysha sai da bodega do Seu Joaquim e bebe mais uma saideira na padaria ao lado, sob indiferença total de pessoas, ciborgues e robôs imersos em suas particulares realidades paralelas autossuficientes.

Mastiga lascas de bacon artificial banhado em composto analgésico, energético e redutor dos efeitos visíveis da embriaguez, como odor de álcool, dicção enrolada e olho de peixe morto. Porém, sua visão ébria do mundo permanece. Do contrário, para que beber? Ativa o chip atrás da orelha, como recomendado por Piauí, e ganha a rua fazendo o que mais gosta: caminhar e observar.

Só então, olhando de fato mais atentamente para o chão em que nasceu, percebe que o Reino "Lobatiano" das Águas Claras de sua infância transformou-se por completo nestes trinta anos. Sente-se uma ET por ser a única pedestre imersa em um aglomerado insano de veículos autônomos (terrestres e voadores) que transitam pela cidade inteligente vertical.

Na superfície, espaços verdes coexistem em harmonia com a internet de todas as coisas, possibilitada por alta conectividade democrática e permanente à rede. Placas fotovoltaicas de captação da energia solar, organizadas geometricamente e estrategicamente espalhadas de canto a canto, alimentam ilhas de recarga de veículos elétricos, as quais servem também de base à eletrificação das vias para dar um empurrãozinho aos poucos veículos ainda movidos a combustão fóssil.

Percorre pisos intertravados drenantes, que reaproveitam água de chuvas anuais cada vez mais escassas no Planalto Central. Desaguam nos três lagos artificiais do parque, verdadeiros mananciais de lazer e preservação. E também irrigam toda a vegetação ao redor.

Seu visor indica 8 por cento de umidade do ar. "Ainda é de manhã, esse índice tá pior que o deserto da Namíbia", reclama consigo mesma, enquanto retira da mochila canudo acoplado a um pequeno, mas inesgotável, reservatório de água potável. Seu amigo chinês, Chang, realmente revolucionou o grande problema da escassez de água doce no mundo. Foi além de métodos tradicionais, como o tratamento e reaproveitamento de água de esgoto ou a dessanilização, e inventou este dispositivo portátil que capta e filtra partículas de água da atmosfera por meio de nanofibras.

Um besouro namibiano, natural do ultra-árido deserto local, serviu de inspiração à descoberta. Além de armadura contra predadores, sua carapaça transformou-se, durante milhões de anos de evolução, em um complexo sistema de absorção da água do ar. "Com certeza, muitas espécies animais e vegetais do nosso cerrado e da caatinga também poderiam servir de exemplo, caso tivéssemos a cultura científica disseminada entre nós, brasileiros", lamenta.

Voltando a Águas Claras, sabe, contudo, que a cidade não passa de uma bolha isolacionista e segregadora, a ponto de existir um projeto, já em execução, para construir literalmente uma redoma climatizada em volta de seu Parque Central – oásis de convivência cultural, esportiva e contemplativa, acessível a poucos, em meio aos espelhados centros comerciais e imponentes edifícios residenciais – e, assim, transformar a visitação de usuários pagantes em uma experiência sensorial única, livre dos trabalhadores que dão vida e sustentação a uma cidade calcada em ilusões e das intempéries incontroláveis da natureza, agora alvo tardio de preocupações científicas.

Porém, bolha ou redoma (reais ou imaginárias) não protegem uma pequena ilha da fantasia cercada de lama por todos os lados, em país (e mundo) dividido por fossas abissais de desigualdade e violência.

No caso de Brasília, favelas horizontais que sempre orbitaram o tombado Plano Piloto e a próspera Águas Claras romperam, há muito tempo, os limites cartográficos entre as cidades, em um movimento expansionista irrefreável que democratizou a miséria e incutiu a desesperança em milhões de existências à margem das maravilhas tecnológicas de um futuro seletivo e impiedoso.

A extinção em massa de empregos, gerada pelos avanços da tecnologia e também pela arrasadora pandemia de 2020, aconteceu mais rápida e ferozmente do que previram os mais alarmantes analistas futurólogos e do que desdenharam os sempre imediatistas políticos populistas. Claro que trabalhos repetitivos e de baixa qualificação (secularmente ocupados por estratos sociais menos favorecidos) foram frontalmente impactados logo de cara. Principalmente no Brasil de péssimos e históricos índices educacionais, incapacitantes de qualquer pretensão de desenvolvimento sustentável do seu povo.

No entanto, segmentos laborativos tradicionais, como operadores do Direito, Engenharia e Medicina, igualmente começaram a ser jogados na mesma cova rasa e coletiva de profissões humanas extintas ou em vias de desaparecimento. Aí sim as elites se deram conta de que habitavam o mesmo planeta. E algo deveria ser feito imediatamente.

Em paralelo, poderosos conglomerados corporativos transnacionais do segmento tecnológico já haviam percebido o gravíssimo problema ocasionado pelo desequilíbrio crescente entre a abundância de bens e a escassez de empregos, o contrário das ideias malthusianas em relação à produção. Como dar vazão à grande produtividade de todo tipo de equipamentos, mercadorias e serviços descartáveis em essência – possíveis graças a métodos concebidos pela inteligência artificial – se o mercado consumidor só encolhia?

Óbvio que a tecnologia enterrou ocupações remuneradas obsoletas, mas também deu vida a novas oportunidades de colocação profissional. Porém, todas ligadas a permanentes requalificações técnicas, o que só aumentou o tal abismo entre nações preocupadas com a educação empreendedora e o resto, como o Brasil, ainda afogado no lodo paralisante composto por baixa escolaridade, subemprego, fanatismo religioso, extremismo político, corrupção e violência.

ALIANÇA TELEPÁTICA

Jacarta/Indonésia, 2026

Estabelecida na Suíça há uns bons anos, país na vanguarda da inovação e da liberdade de pensamento, Raysha lançou-se para valer no seguro mundo acadêmico (achava), onde completou seu doutorado e pós-doutorado no prestigiado Instituto Federal de Tecnologia de Zurique (ETH Zurich)[11], na área da Biotecnologia ligada à Computação Quântica. Antes, contudo, nas graduações e especializações, perambulou por cursos e países tão diversos quanto complementares. Biologia, sua primeira paixão, abriu as porteiras para Canadá, Indonésia, Bioquímica, Engenharia de Software, Alemanha, Estados Unidos, Ciência da Computação, Robótica, Japão, Austrália, Peru. Não necessariamente nessa desordem. O caos desbravador a dominou em sua fase mais aguda de descobertas. Formou-se em quase tudo a que se propôs, graças a uma inteligência absurdamente intuitiva, fora da curva segura de docentes e colegas dissidentes do risco, que a tachavam de desinteressada, displicente, arrogante.

Foi achando e cativando sua turma pelo caminho sinuoso e enriquecedor dos desgarrados e desajustados, como ela. Até que apareceu um indiano genial. "Quanta redundância!", ri da lembrança. Nessa época, 2026 talvez, matava o tempo cursando uma disciplina de verão: Neuropsicolinguística, na Universitas Indonesia, a mais antiga do país, localizada na ainda capital Jacarta, fincada na costa norte da ilha de Java. Os convites pipocavam. Aos 21 anos sentia-se deliciosamente perdida. E brincava com a facilidade de transitar por vida tão transitória. Foi ali que aprendera a falar uns palavrões especiais em Banyumasan. Contudo, tanto o dialeto javanês como a própria face norte da ilha afundavam para o esquecimento.

Raysha testemunhou exatamente o início desta transição da nova sede administrativa do país asiático, quase oceânico, de Java para Bornéu. Alvo milenar de catástrofes naturais, como enchentes, terre-

---

11. Albert Einstein foi o mais brilhante de seus ex-alunos, tendo também ministrado aulas na instituição. Igualmente passaram pelo ETH Zurich outros 21 vencedores do prêmio Nobel, um da medalha Fields e dois do Pritzker.

motos, tsunamis e erupções vulcânicas, Jacarta passou a sofrer também com o já inevitável aumento do nível dos mares em associação com a submersão de seu solo, causada pela extração desordenada de água subterrânea e pelo peso das construções para dar moradia e trabalho a uma das maiores densidades populacionais do planeta.

Em meio a este frágil cenário, ela bebe em um bar próximo à universidade, rodeada de indianos tarados e desaprovada, a distância, por outros homens orientais, jovens muçulmanos modernos, mas nem tanto.

– Vocês são malucos e covardes, estupram mulheres. Qual é a sua casta? – em inglês e voz alta, para ser compreendida pelo máximo de machos alfa, ela lança provocação mordaz. É sua forma de conhecer, medir e delimitar pessoas.

– Calma, *meri jaan*, me encare como um fiel aliado. Índia e Brasil realmente precisam ser estudados pela Nasa – gargalha da antiga piada o mais enigmático da mesa, até então calado, apenas na posição de observador um tanto cínico. Feliz, ele assiste a seus colegas indignados deixarem a mesa do bar. Assim ficará a sós com essa bela e indomável *firanghi*. – Mas ainda vamos virar esse mundo de ponta à cabeça. Anota aí! – completa.

– Taí, gostei de você – analisa Raysha, sem se preocupar com a situação embaraçosa que causara.

Radesh muda de lugar e fica ao lado dela. Está no bar há mais de uma hora e ela permanece sentada na mesma cadeira, apesar de entornar Bintang como gente grande. Capta detalhes inebriantes, como o odor de um singelo perfume tropical e olhos verdes margeados por cílios espessos e reais. Nada parece postiço nela. A cor da pele reflete séculos de miscigenação do povo brasileiro, num moreno jambo de tez macia, lisa, mas firme. Ela dobra as pernas propositalmente, exibindo parte da roliça coxa esquerda e de joelho esculpido por Parvati.

– Oi, ainda tá aí? Disse que gostei de você.

– Sim, claro, *shukria*, mas você sempre é agressiva assim? Não tem medo da reação dessas feras acuadas?

– Eu me garanto. E limpei a mesa, veja só – mostra os assentos vazios. – Agora sei que você é um pouco mais civilizado que eles. E aprecia o corpo feminino. Acho que posso confiar. Pode cuidar do meu copo enquanto vou ali no banheiro?

Um ruborizado Radesh vê o bar parar e contemplar a natureza (essa, sim, selvagem) de Raysha em seu exuberante desfile predatório.

O fato é que, de um improvável amor de verão juvenil na distante Java, nasceria o embrião de uma tese revolucionária. Na verdade, acabaria se mostrando um novo padrão evolucionário, à espera de alguém chegar e, simplesmente, desatar nós de estímulos químicos e elétricos de uma centena de bilhões de neurônios que compõem outra centena de trilhões de sinapses sempre presentes em nossa estrutura cerebral orgânica avançada e pouco explorada.

Mais de duas décadas, a partir de 2026, seriam necessárias para a abertura e o controle no mínimo satisfatórios de redes neurais para a comunicação telepática humana. Ela não nega que todos os esforços empreendidos em termos de instrução, viagens e experimentos – até chegar a um resultado assustadoramente inovador e funcional de tecnologia que viraria símbolo de ambição e poder – tiveram origem consciente em sua obsessão de se comunicar com o próprio pai, Renato Júnior. Este sempre foi o principal objetivo das redes neurais telepáticas.

Pelo menos para ela, Raysha Andrade, idealizadora e cientista-chefe de toda essa balbúrdia dialética, que começou com próteses implantadas no cérebro e superalgoritmos de aprendizagem de máquina para mapear e decodificar as atividades cerebrais, permitindo a abolição de interfaces que sempre cercearam nosso pleno potencial comunicativo, como realidade virtual, internet, telefonia e até mesmo a escrita e a fala. Sem as barreiras destes meios, a interação cérebro-cérebro convida os seres quase pós-humanos a partilhar sensações, emoções, cheiros, gostos, sons e imagens diretamente do pensamento e da imaginação, em uma experiência de ampliação de nossas capacidades cognitivas que transcende o uso aprisionado de linguagens primitivas.

E seu encontro aleatório com Radesh, mago tecnológico de tempos sem limites, trouxe o incentivo que faltava ao projeto. As habilidades do indiano em lidar com redes neurais artificiais e reconhecimento de padrões, além de sua maestria em conjugar elementos da inteligência artificial e possibilidades praticamente infinitas e imediatas da computação quântica, foram fundamentais para se atingir uma nova era de relações humanas aperfeiçoadas. Deve muito a ele, apesar de tudo o que aconteceria depois.

Puxando um pouco mais o fio desplugado da memória, Raysha percebe, entretanto, que o deslumbre com poderes ocultos do cérebro guiou seus questionamentos e desafios desde a infância. Tinha verdadeiro pavor das sensações visuais e auditivas que experimentava durante o sono, características do que chamam de projeção astral, capacidade de viajar com sua consciência para além do corpo físico.

Não entendia aquela estranha manifestação. Sabia que estava desperta na cama, e não em sonho ou hipnose, e sentia-se flutuar independentemente de sua vontade. Por ignorância e medo, lutava contra a força desconhecida; membros dormentes, queria se mexer, gritar, mas não conseguia. Presenças diabólicas invadiam o quarto e oprimiam seu peito, dificultando-lhe a respiração. Levantava-se de manhã devassada, exausta. "O que tudo isso quer dizer? Será que estou ficando louca?", perguntava-se em silêncio envergonhado.

Curiosa, embrenhou-se nos labirínticos estudos esotéricos e extrassensoriais, fora do alcance da sempre limitada ciência verificável, para descobrir menções a fenômenos como viagens astrais (o seu caso), telecinese, visão remota, precognição e telepatia. Todas essas habilidades passariam, de alguma forma, pelo fluxo energético cerebral.

Leu ainda relatos não confirmados, muito ligados a notícias sensacionalistas e espetaculosas, de pessoas vítimas de abduções extraterrestres que juravam ter se comunicado telepaticamente com tais seres. Hipóteses sugeriam que civilizações avançadas usariam a telepatia como um tipo de linguagem universal. Escravidão da consciência, ofuscação mental, percepção distorcida, assédio tecnológico, hibridização alien foram se sobrepondo ao rol cada vez maior e assombroso de teorias de difícil confirmação.

Finalmente, acha uma saída do magnífico e intrigante labirinto da paranormalidade e retorna à necessária experimentação científica. Descobre, na adolescência, que os eventos responsáveis por seu terror infantil nada mais significaram do que um descompasso entre cérebro e corpo durante a fase REM[12].

Diagnosticada por neurocientistas, a paralisia do sono representa um mecanismo de defesa de nosso organismo. Já que os sonhos nessa fase parecem tão reais, o total relaxamento muscular é o artifício encontrado pelo cérebro para que o sonhador, em momento de pânico, não se levante da cama e possa se machucar. Ou seja, os movimentos ficam inibidos. Só que, por vezes, a mente desperta antes do corpo. E ainda está impregnada do caos inconsciente de nossos medos profundos. Daí vêm as assustadoras alucinações.

Sem dúvida, há muito o que se investigar ainda. Porém, na maioria das vezes, a realidade é mais enfadonha do que a fantasia mesmo. Mas Raysha prefere assim. De qualquer forma, a semente da telepatia já germinava em si.

Lembra-se de quando ouviu falar pela primeira vez em minicérebros artificiais, espécies de organoides cerebrais ou agregados tridimensionais de neurônios *in vitro*, produzidos a partir de células epiteliais e da urina, transformadas em células-tronco pluripotentes. Isso sim é ciência!

Cientistas brasileiros da Universidade Federal do Rio de Janeiro (UFRJ) e da Fundação Oswaldo Cruz (Fiocruz) utilizaram esta téc-

---

12. *REM: Rapid Eyes Moviment, ou movimento rápido dos olhos – estágio do sono em que a atividade cerebral é semelhante à de quando se está acordado, tornando os sonhos mais vívidos.*

nica, em 2016, para comprovar a relação entre a contaminação de gestantes pelo vírus da Zika e a consequente ocorrência da microcefalia nos recém-nascidos. Naquele momento, ela decidiu ser igual àqueles profissionais abnegados, engajados, capacitados. Só que, logo depois, veria seus heróis perderem bolsas de pesquisa, muitos tendo que jogar anos de estudos no lixo.

Assim, o tal país em eterno desenvolvimento, o potencial novo *player* da confusa geopolítica mundial, nunca deixaria de ser o velho exportador de *commodities* em sua síndrome de café com leite (e agora soja) no tabuleiro das grandes jogadas. Não adianta querer resolver problemas seculares e estruturais com maquiagens meramente midiáticas e rasas.

Resumindo, mentes brilhantes brasileiras espalharam-se pelo globo, entre elas Raysha (a partir de 2021), deixando o ônus de lacuna incalculável em décadas futuras, nas quais avanços tecnológicos adquiriram status inalcançável aos retardatários. Brasil incluído.

***

Ao sacudir a cabeça instintivamente, como se quisesse "reiniciar" seu sistema nervoso, Raysha ainda sente pontada de dor e certa desorientação espacial por causa da bebedeira da noite e madrugada anteriores. "Onde estou?" – pergunta retórica logo é respondida por sua companheira de bordo, Luzia, que estava em hibernação e ela, Raysha, se esquecera de desativar:

– Altura do velho Atacadão de Águas Claras, Rua 3 Norte, perto da saída baixa da cidade. Tempo médio de chegada ao destino, considerando o ritmo errante de caminhada: 30 minutos.

– Defina "ritmo errante", Luzia – Raysha pergunta, irritada.

– Ausência de padrão motor no trajeto predefinido, passos por vezes cambaleantes, paradas extensas e sem propósito aparente para observar prédios, lagos, unidades robóticas, desperdício desnecessário de tempo...

– Ei, ei, essa definição não acaba? Ainda bem que deu sinal de vida, amiga. Faltou desligar você.

Enquanto troca as ineficazes lascas de bacon artificial analgésicas por pílulas infalíveis, ela retorna rapidamente a seu estado de letargia vigiada, momento em que processa informações e alimenta o raciocínio. A caminhada a esmo faz parte do processo.

Pensava na Suíça antes de toda essa rememoração sobre Java, Radesh e telepatia. Cercado por fortes culturas, esse curioso país central europeu não possui língua própria. Lá se fala oficialmente alemão, francês e italiano, além do sempre integrador inglês e até romanche, mais um entre milhares de idiomas nativos quase mortos pelo mundo. Apesar de tudo, seu povo pragmático e conciliador manteve-se unido na vontade de estabelecer identidade e fronteiras no continente mais belicista desde tempos imemoriais. E o reconhecimento de sua independência veio em 1648, com a assinatura do Tratado de Vestfália.

Pretensa neutralidade em conflitos globais, desde o Tratado de Paris, em 1815; democracia secular consolidada; valorização de privacidade, propriedade privada e liberdade; e economia robusta favorecem uma tradicional e segura atuação em segmentos como a biotecnologia, a indústria farmacêutica e, claro, os discretos serviços bancários e de criptoativos, que, devido a pressões internacionais, foram perdendo o status de paraísos fiscais para corruptos de todo o mundo, inclusive do nosso país.

A Polícia Federal do Brasil lutava muito por tal transparência. Quebrar o braço financeiro de organizações criminosas era, e ainda é, uma boa forma de combate. Porém, seu querido e incógnito pai reconhecia, no íntimo, que era uma guerra perdida. Se a Suíça começava a entregar os pontos lá em 2019, após ter se beneficiado por décadas a fio de custodiar dinheiro suspeito, outros países surgiriam para preencher a vaga de paraísos fiscais. "Não existe vácuo de poder", ele cansava de dizer.

Ainda sobre a Suíça – a despeito de todo o ranço envolvendo denúncias de participação velada do sistema bancário com a guarda e lavagem de ouro saqueado pelos nazistas durante a Segunda Guerra

Mundial –, é curioso notar como este país colocou-se na vanguarda de reformas econômicas cruciais, muitas delas atropeladas por urgências avassaladoras do fenômeno da Covid-19, o coronavírus, que deixou graves sequelas no mundo até então conhecido e na humanidade a partir de 2020.

Pois foi a Suíça um dos primeiros países a sedimentar uma teoria econômica antiga, mas que sempre enfrentou resistências: a renda básica universal. A solução de garantir um numerário mensal igualitário e suficiente para as necessidades fundamentais de toda uma população tem funcionado como alternativa eficiente de distribuição dos lucros estratosféricos de poderosos conglomerados corporativos. Soa no mínimo provocante uma medida com forte viés socialista servir de remédio a grandes entraves macroeconômicos da atualidade.

Absorta em seus longos devaneios, como sempre, Raysha avista a última entrada subterrânea de Águas Claras. “Hora de encarar o subsolo”, encoraja-se.

DOMÍNIO DE CIDADES EM PAÍS EXPLOSIVO

Vários Estados, 2016

– A partir de agora os portos são meus. Essa é minha única condição – Mosca Branca apresenta cartada ousada no encontro do Ranchinho.

– Simples assim? – Pixaim replica com boa dose de sarcasmo.

– Veja bem, o Partido continua traficando, é claro, mas tudo vai passar pelos meus contatos. As apreensões de cocaína tendem a aumentar, porque o volume vai ser bem maior, mas garanto que os lucros serão astronômicos, pois essas apreensões não serão nem 10 por cento do que vamos conseguir exportar.

– É, mas você teve algumas cargas derrubadas anos atrás aí, com muitos prejuízos – Pixaim toca em ferida ainda aberta de Mosca.

– Verdade, não nego, mas isso é passado. Já enviei o recado aos engraçadinhos, inclusive aos fifas[13]. Quem quiser continuar a dar uma de herói já sabe muito bem que terá consequências a enfrentar. Tá tudo certo agora.

Maquinado apenas observa. Pixaim mostra-se ressabiado com a proposta de Mosca, afinal não tem cacife para bater o martelo em pauta tão abrangente: exclusividade no controle dos portos. Por outro lado, o plano está muito bem alinhavado e não pode transparecer fraqueza, portando-se somente como um reles garoto de recados da cúpula. Maquinado e Mosca têm desafiado sua autoridade desde o início da reunião e não vai deixar-se intimidar por eles.

De fato, concorda com o argumento de que a passagem das mercadorias correrá menos riscos sob a administração do Mosca Branca, competente aliado e com ótimo trânsito entre os chefes. Na verdade, pode até ganhar pontos extras com sua firme tomada de decisão nessa delicada costura de recrutar um time top de especialistas para colocar em prática o mais arrojado planejamento de que se tem notícias na história da criminalidade. Seu sucesso irá ecoar longe, e seu nome, Pixaim, será gravado e temido nos corações e nas mentes de todos que tenham amor à vida.

---

13. *Forma como bandidos se referem aos Policiais Federais brasileiros.*

– Tudo bem, acho justa sua reivindicação. Temos um trato – estende a mão para selar o acordo.

– Simples assim? – Mosca "rouba" a fala de Pixaim. – Não tem que consultar os homi antes? Não quero ter problemas.

– Você tem minha palavra. Vou sim comunicar os acertos aqui discutidos, mas tenho carta branca – afirma, cheio de si.

O acerto no Ranchinho, ambiente discreto entre Monte Mor e Campinas/SP, é marcante porque ratifica os passos de um planejamento estratégico coeso, com fases delineadas de maneira meticulosa: treinamento intensivo paramilitar em táticas de guerrilha urbana; assaltos milionários a empresas de guarda e transporte de valores, como forma de auferir as habilidades adquiridas pelos "alunos" e também de angariar recursos financeiros; e, por fim, resgate da cúpula da facção, custodiada no presídio 2 do complexo prisional de Presidente Venceslau.

Mas haveria ainda um longo caminho até tudo se concretizar. E é nesse percurso, a partir de 2016 e com a entrada de Mosca Branca no circuito, que as ações perpetradas com o modus operandi do domínio de cidades explodiriam no país.

Já no segundo assalto com tais características, em março de 2016, também em Campinas, percebe-se a mão habilidosa do Mosca na condução do plano. E mais 48 milhões de reais migram para o poder dos bandidos. Alguns milhares de reais e poucos fuzis enferrujados retornam com a prisão de um ou outro pé de chinelo e de um policial envolvido. Exatamente como o previsto.

Todavia, Maquinado entra no radar da Polícia Federal a contar deste roubo. Encarregado de fazer o meio de campo com agentes de segurança pública da região, para não darem o bote na quadrilha, seu nome aparece no mês seguinte (abril), quando novos policiais tombam de forma covarde após o estouro de outra base de valores, agora em Santos/SP. Percebendo o cerco fechar, ele se refugia na fronteira do Paraguai com o Brasil, vez ou outra entre as cidades de Mundo Novo/MS e Guaíra/PR, para dar um tempo. No entanto, aproveita para consolidar o tráfico de cocaína entre o Nordeste do Paraguai e a região 19[14] do Estado de São Paulo. E também continua a orientar os parceiros da linha de frente à distância, entre eles o Baiano (outro importante personagem de "Guerra Federal"), seu braço direito. O plano traçado no Ranchinho segue a todo vapor.

Acontece que, do outro lado, também em março de 2016, operação da PF de combate ao tráfico internacional de drogas, nos Estados de São Paulo, Paraná, Mato Grosso do Sul e Ceará, apreende 560 quilos de cocaína, 26 toneladas de maconha, além de veículos, armas e dinheiro. Entre os 29 detidos, Narebinha (irmão mais novo do chefão incontestável e amigo de Mosca Branca) é um deles. Localizado em Fortaleza, ele deixa sinais claros do recente protagonismo do Nordeste, e principalmente do Ceará, enquanto rota do tráfico. Logo Narebinha, apesar de não ser integrante da dita "facção paulista", se juntaria ao irmão Todo-Poderoso em Venceslau, aumentando a lista dos resgatáveis prioritários.

Abril traz ainda a explosão de empresa de valores em Barreiras/BA. Junto com a de Santos/SP, o grupo, que agora se integra de vez aos bandidos do Nordeste, causa um rombo de mais de 22,5 milhões de reais neste mês.

No meio tempo, o consórcio de criminosos treinados pelo Espanhol para assassinar o Brasiguaio da Fronteira (lembra?) obtém êxito no mês de junho. Tal notícia anima o grupo restrito do resgate, que é capacitado pelo mesmo especialista.

– Estamos no caminho certo – vibra Mosca Branca, em contato com um ainda exilado Maquinado.

– Sim, o cara é muito bom mesmo. Acompanhei uma curta temporada do treinamento do nosso pessoal aqui no Paraguai – confirma Maquinado.

---

14. *Divisão do Estado de São Paulo conforme os códigos de Discagem Direta a Distância (DDD). A região 19 refere-se à Grande Campinas, envolvendo 73 municípios, entre os quais: Piracicaba, Sumaré, Hortolândia, Monte Mor e Americana.*

– Bem, tá na hora de você voltar. O próximo alvo, em Ribeirão [Ribeirão Preto/SP], vai ser um sucesso. Precisamos de você.

– Passou da hora! Subo de carro na paz, irmão.

Mais 51 milhões de reais entram na conta dos marginais em julho. Óbvio que os custos operacionais são bastante elevados. Bancar toda a estrutura de pessoal, armamento e logística faz parte do jogo. E parece que os ventos estão favoráveis, pois eles vêm amealhando uma fortuna considerável. E também ganhando o respeito da massa carcerária. Pela lógica da meritocracia criminal, ladrões na linha de frente de ações como o domínio de cidades, por exemplo, são muito mais prestigiados do que, digamos, um estelionatário digital. Hackers já têm potencial destruidor bem mais amplo, seja para roubos ou terrorismo, mas seu isolamento no conforto do anonimato rouba-lhes qualquer pretensão de protagonismo. Pelo menos por enquanto.

***

Seguimos com investigações para tentar entender a dinâmica das ações criminosas coordenadas. Em meados de 2016 ainda estamos longe de visualizar todas as peças do tabuleiro, mas o faro de nossa equipe aponta para a participação do Mosca.

Mais de uma década correu desde seu verdadeiro nome surgir ligado ao furto ao Banco Central de Fortaleza, em 2005. Sem provas concretas contra ele, porém, não conseguimos sequer seu indiciamento. Mesmo se comprometendo a ficar à disposição da justiça, ele desaparece do mapa e só é encontrado por acaso, em meio à investigação com objetivo de prender um de seus parceiros no crime, em 2008, na favela de Paraisópolis, onde exerce o controle total de tudo que acontece neste seu reduto. Após a prisão, Mosca é levado a Brasília e, de lá, escoltado de avião comercial até a carceragem da PF na capital cearense, momento que estivemos cara a cara. Conversamos por mais de duas horas sobre diversos assuntos: da sua paixão pelo futebol ao ousado furto ao BC. E ele bem tranquilo, sabendo que logo seria solto, o que realmente aconteceu.

Aprendemos na academia que devemos priorizar sempre o fato em detrimento do autor na apuração de crimes. Perseguições imotivadas a foras da lei, até os reiterados, podem ferir a dignidade da pessoa humana, tornando-se uma ameaça à democracia e ao estado democrático de direito brasileiro, tão alardeado por autoridades supremas. O regramento jurídico existe para coibir excessos, está certo. Mas o que fazer com os indivíduos irrecuperáveis? Não tenha dúvidas de que eles existem, e grassam nessas lacunas providenciais. Não seria possível flexibilizar a legislação para casos excepcionais?

Não há aqui uma defesa de ilegalidades ou mesmo perseguições a minorias como outrora. É preciso chegar a um meio termo que separe os criminosos contumazes irrecuperáveis e os psicopatas dos bandidos esporádicos ou criminosos eventuais. Priorizar alvos com um "X" em suas costas é bem mais inteligente do que procurar supostos bandidos que não impactam consistentemente nas ocorrências criminais de grande vulto, tampouco influenciam a massa carcerária após sua prisão ou mesmo outros delinquentes que estão nas ruas procurando inspiradores para seus atos delinquenciais.

Mosca Branca não é violento, na fria acepção de pegar em armas, executar roubos e cometer homicídios. Não obstante, potencializa a barbárie ao planejar e financiar uma série de ilicitudes flagrantemente danosas à sociedade. E jamais irá parar, a não ser que alguém o impeça.

Mesmo sem autorização superior para acompanhamento de seus passos mais de perto, conseguimos apreender diversas cargas de cocaína atribuídas a ele em São Paulo, Goiás, Minas Gerais e Ceará, nos anos de 2013 e 2014. Por terra, céu e mar. Nessa época nossa equipe policial começa a receber ameaças como represália. E funcionam.

Preocupado por ter a identidade revelada após participar de prisões, buscas e apreensões tanto em operações no Triângulo Mineiro como no próprio voo de escolta do Mosca Branca oito anos antes, quando estive rumo a Fortaleza, começo a me preocupar e tenho forte crise de estafa, ansiedade, estresse, pânico – chamem como quiserem. Pessoas honestas, trabalhadoras têm muito a perder, sempre, mas a família é um bem sagrado, precioso demais para ficar vulnerável à sanha imprevisível e revanchista de loucos sem índole nem moral.

Afasto-me para tratamento médico, saio das ações em campo e entro no camuflado mundo da inteligência policial. O único senão é que despenco de paraquedas justamente na base secreta de Campinas, em 2015, local e momento em que o domínio de cidades teve início. E, mais uma vez, Mosca Branca atravessaria nosso caminho.

***

A vida é caótica. O ser humano teima em querer ligar pontos, concatenar ideias, associar forças para conferir lógica à sua permanente e arrogante necessidade de compreensão do mundo, mas a verdade é que somos fruto de eventos aleatórios, rompantes acidentais, combinações sem sentido.

Voltando a 2016, ano da explosão do domínio de cidades após o encontro no Ranchinho Relax Exclusive, um acontecimento de fim de festa em outubro representa um novo calvário, que irá me acompanhar para o resto de minha existência. Hoje, com o distanciamento do tempo e o enfrentamento das consequências, é muito claro perceber o quão pequenos somos.

Agora haverá um Policial Federal no banco dos réus...

Distante fisicamente das operações que tanto me definem, procuro manter a mente forte e reconecto-me à minha esposa guerreira e à minha pré-adolescente Raysha, filha curiosa e esperta, que capta toda a tensão ao redor e me conforta de maneira surpreendente.

Além disso, reforço meus contatos virtuais e entrego-me de vez ao intenso trabalho na inteligência de segurança pública baseada na confiança pessoal, no propósito comum, na consciência compartilhada e na capacidade de execução das ações sem os entraves burocráticos hierárquicos. Afinal, os criminosos de verdade não dão trégua.

Permaneço no jogo.

SUBTERRÂNEOS

Centro de Coleta de Lixo, Águas Claras/DF, 2050

A poucos metros abaixo da superfície, o movimento de homens, mulheres, híbridos e máquinas é igual ou mesmo maior.

Túneis interligados conduzem trens suspensos e silenciosos do metrô e também redes de energia, gás, telecomunicações, climatização, esgoto e lixo, para onde ela se encaminha. Estacionamento de veículos diversos e lojas comerciais estendem-se por andares negativos. A verticalidade da cidade continua no subterrâneo. À medida em que o mergulho torna-se mais profundo, a iluminação perde vigor e um lado oculto da cidade revela-se sob outro prisma, ambiente à parte que esconde contrabandistas, traficantes, carcaças robóticas vandalizadas, moradores sub-humanos – escória enterrada e esquecida – uma verdadeira dark web urbana palpável.

Lembra-se de um livro que calou fundo em sua alma, em época de negação, revolta e difícil aceitação do sumiço de seu pai, sentimentos jamais pacificados em si. "Notas do subsolo", escrito por Fiódor Mikhailovitch Dostoiévski no longínquo ano de 1864, cai muito bem para o momento. Com memória privilegiada de seu cérebro quase todo orgânico, a filha órfã que à casa retorna prefeririria não ter consciência exagerada das coisas, uma "verdadeira e completa doença" na visão do narrador-personagem (em primeira pessoa) da obra-prima que tanto cultua. Mas a verdade é que se colocou na posição de criatura de sua própria criação.

O eminente escritor russo considerava o homem de "consciência amplificada" uma aberração parida não no "seio da natureza", mas em uma "proveta". Tipo um rato cercado de "dúvidas, vontades reprimidas, gosmas repugnantes e cusparadas de delatores togados"... como não associar essa escória a certos juízes e promotores de justiça ansiosos por holofotes condenatórios, sem a mínima credibilidade entre seus pares de primeira e segunda instância? Representam, com exceções, é claro, uma nítida psicopatia do "condenar por condenar" quem quer que seja.

As referências e identificações são assustadoras para Raysha: "Lá no seu subsolo abjeto, fétido, nosso camundongo, humilhado, abatido e ridicularizado, rapidamente mergulha num rancor frio, peçonhento e, principalmente, perpétuo".

Chega, finalmente, à entrada do centro de coleta e tratamento do lixo que ninguém vê de Águas Claras. Banhada em desejos e raciocínios, constata o quão reprimido é seu livre-arbítrio. E outro trecho inacreditável do Dostoiévski de seus 15 anos salta-lhe aos olhos, hoje cansados de tanta curiosidade: "Nesse caso eu vou poder calcular antecipadamente toda a minha vida futura por um período de 30 anos". É exatamente o que passa agora, aos 45, em 2050.

Anestesiada pela coincidência de sua vida imitando a arte do ídolo, ela adentra o centro fedorento e logo é abordada por sonda de interface nada amistosa, que a reconhece após análise biométrica de leitura facial:

– Seja bem-vinda, Mayla Jakobs.

"Piauí me paga! E que tecnologia é essa?", surpreende-se em pensamento acerca do protótipo de máscara digital dado a ela pelo padrinho.

A sonda capta sinais de espanto na figura humana à sua frente, interpreta-os e refaz a leitura:

– Algum problema, Mayla?

– Não, apenas surpresa com o tamanho deste lugar – disfarça.

– Dada a inusitada solicitação, o protocolo exige a presença de uma unidade robótica para acompanhá-la nas instalações e fornecer-lhe dados atualizados para a sua pesquisa. Por favor, me acompanhe.

Raysha não entende de onde veio essa história de pesquisa, mas segue a máquina, enquanto finge prestar atenção na detalhada explanação sobre o sistema de coleta pneumática subterrânea de resíduos sólidos – composto por pontos de entrada em espaços públicos e privados (lixeiras em ruas, praças, comércios e até residências); rede subterrânea de tubulações que suga os resíduos a vácuo e os leva diretamente a câmaras de isolamento nas centrais de coleta; usina de triagem para filtrar gases e reciclar materiais não orgânicos; uso do lixo orgânico para produzir energia e retroalimentar o próprio sistema; e por aí vai…

O que ela quer mesmo é encontrar aquele velho "mendigo" adorado. Grande amigo que fez o papel de seu tutor depois do desaparecimento de Renato Júnior. Orientou-a, deu suporte financeiro à família, enviou-a ao exterior, protegeu-a. E, pelo visto, ainda continua a zelar por sua segurança.

Finalmente, encontra Piauí separando materiais no setor de reciclagem. Esse disfarce não é nada para quem sempre foi o mestre das infiltrações policiais. Será que ainda está na ativa? Tanto tempo que não fala com ele...

"Agora não me escapa!", vai em sua direção, mas é interrompida pelo robô:

– Mayla Jakobs não pode interagir por aqui sozinha. É perigoso", alerta.

– Presta atenção, unidade SRG-7887 [Sonda Robótica Googleriana, nº de série 7887] – ela lê a identificação da máquina, como se isso fosse intimidar aquela engenhoca. – O contato com indivíduos representativos da escória humana é fator preponderante para o sucesso de minha pesquisa – Raysha entra na personagem Mayla criada para ela pelo Piauí. A partir de agora ela também é uma infiltrada. Só não conhece detalhes de sua "estória-cobertura". Mas segue seu instinto.

Décimos de segundo de silêncio robótico deixam-na em dúvida se a sua lorota foi convincente.

– Registro que a cidadã Mayla Jakobs opta, por livre e espontânea vontade, a seguir sozinha e sem proteção com sua coleta de dados em ambiente hostil. Confirma?

– Sim, confirmo.

– Boa sorte.

"Esse robô tá usando sarcasmo?"

Um tanto surpresa, Raysha acompanha com o olhar a máquina deixar o local. Sem dúvida, um magnífico, aterrorizante e versátil conglomerado de níquel e outras ligas leves, resistentes e maleáveis, transpassado por circuitos quânticos dotados de superalgoritmos capazes de dar-lhe autonomia para decidir que arma usar contra você caso perceba ameaça iminente às diretrizes preconcebidas e preconceituosas de sua programação tendenciosa.

E o arsenal de alguns destes novos "objetos-seres" inteligentes (mesmo que de forma artificial), superiores a nós em quase tudo, envolve desde armas menos letais, como raios micro-ondas, explosões de plasma, espumas endurecedoras formadas pela junção de poliol e isocianato, ruídos e luzes desorientadores, até os arrasadores raios de energia direta concentrada e a ainda imbatível metralhadora no calibre ponto 50, mortalmente aperfeiçoada pela tecnologia de guerra futurista.

Ainda estupefata, a cientista volta-se para seu alvo e, finalmente, encara o velho e esquivo Piauí. Percebendo a dramaticidade no ar, ele fala primeiro:

– Você se saiu muito bem, minha pequena. Como sempre, aliás!

– Será que você não tinha um lugar mais vigiado pra marcar nossa conversa, não? Sacanagem essa referência ao Günther em meu nome falso. Sabe que não concordo com suas teorias. Nunca vi uma unidade SRG dessas. E por que nesse buraco? – diante de tanta indignação, por um momento ela se esquece de sua eterna busca.

– Desculpe, menina. Também senti muito sua falta. Só descobri agora que vão cavar ainda mais fundo pra construir um novo presídio federal. Pelo visto, querem enterrar de vez a Liga dos Comandos Transnacionais. E você sabe muito bem que o Brasil tem responsabilidade pela...

– Onde está meu pai? – pergunta direta corta falação atabalhoada de um nervoso Piauí.

– Presta atenção, isso não é nada fácil e...

– Perdeu a memória? Tá machucado? Em coma? [Morte jamais foi opção para ela] Sabe que minha mãe morreu? Provavelmente de desgosto por minha causa. Quem se vai de câncer hoje? E você? Por que se distanciou tanto? Como teve acesso ao livro do meu pai? Por que não o publicou? O que eu tô fazendo nesse subsolo de círculos infernais? O que... – agora é Piauí quem a interrompe.

– Por favor, mantenha a calma. Suas emoções podem ser detectadas. Vamos a um lugar mais reservado. Implantamos um sistema antirrastreamento. Aqui é perigoso sim, mas a ameaça maior vem dos autômatos. Enquanto isso, só pra disfarçar, demonstre alguma curiosidade por esse buraco. Você é uma pesquisadora brasileira, com ascendência alemã, há muito tempo estabelecida na Suíça, lembra? É tudo o que eles devem saber.

GUERRA DA INFORMAÇÃO

Operações psicológicas através dos tempos

Fevereiro de 2017 começa com a inesperada soltura de 88, ingrediente extraordinário que faria, veja só, desandar toda a receita de sucesso empreendida pela facção. Reconhecidamente ambicioso e, talvez, impulsionado pela urgência desmedida de tirar o atraso de tantos anos atrás das grades, o agora número um em liberdade do grupo criminoso (futura Liga dos Comandos Transnacionais) não perde tempo e começa a liderar o projeto Majestade, intento imperialista de expansão dos negócios, já citado aqui.

Aproveita-se do extermínio do atravessador brasiguaio em Pedro Juan Caballero, da prisão de Narebinha, que abre espaço no Nordeste, e da situação privilegiada de negociação com fornecedores de cocaína, como o Charuto na Bolívia, para tentar assumir o controle de todas as etapas do tráfico, desde a produção até o escoamento para o mercado interno brasileiro e outros continentes.

Pixaim é o primeiro a avisá-lo sobre o plano de resgate, baseado no financiamento via Charuto e também por meio dos assaltos às bases de valores, e ainda sobre o acordo fechado com Mosca Branca, em pleno funcionamento, por sinal, de conceder-lhe exclusividade nas rotas dos portos.

– Mudança de planos. Agora quem manda aqui sou eu, entendeu, mano?

Não demora muito para que comecem a surgir boatos de que 88 e Anta desviam dinheiro da facção; logo, por tabela, estariam roubando recursos financeiros do plano de fuga. Nunca se sabe exatamente o momento em que o telefone sem fio começa a funcionar. Da mesma forma, difícil prever a extensão e as consequências que colcha de retalhos de informações plantadas, distorcidas ou aumentadas podem tomar.

As chamadas "operações psicológicas" são recursos escusos largamente utilizados em cenários conflituosos. Uma das primeiras teorias da comunicação (Agulha Hipodérmica ou Bala Mágica), criada no período entreguerras da década de 1930, explorou o poder manipulador da informação no front de batalha, minando o moral de combatentes cansados, famintos e aterrorizados na tentativa de incentivar deserções.

Durante a 2ª Grande Guerra, panfletos com tais mensagens, traduzidos na língua do inimigo, foram jogados de aviões sobre tropas rivais, tanto por nazistas como aliados. Até nossos bravos pracinhas tornaram-se alvo das balas mágicas de Hitler na Itália. O *führer* exigia a sumária rendição brasileira, zombando do pagamento de nossos soldados e apelando, inclusive, para a saudade do clima tropical que certamente sentiam diante do rigoroso inverno europeu.

Por falar em Brasil, o Atentado do Riocentro exemplifica bem até que ponto uma operação psicológica pode chegar. Em final de abril de 1981, o país vivia a expectativa da redemocratização. Porém, setores mais reacionários, ligados ao regime militar, demonstravam-se bastante insatisfeitos com a abertura política em curso. Assim, tiveram a "brilhante" ideia de executar um ato terrorista usando bombas durante comemorações do Dia do Trabalhador, que teria a participação de artistas de renome, como Chico Buarque, Alceu Valença e Gonzaguinha. Depois, seria só incriminar alas da oposição radical de esquerda para ganhar a opinião pública e justificar mais uma onda repressiva que afastaria os novos ares democráticos. Quis o destino que a farsa saísse pela culatra. Uma das bombas explodiu no colo de um dos militares, ainda dentro do carro. O resto é história.

Com o advento das evoluções tecnológicas do século 21, a outrora massa homogênea que compunha a opinião pública torna-se muito mais fragmentada. E o uso da propaganda como arma política de mobilização e manipulação passa a atingir públicos segmentados, dialogando diretamente com quem interessa de fato.

Exemplo bastante ilustrativo aconteceu na guerra entre Rússia e Ucrânia. Entrincheirados para se proteger de massivo ataque russo, em fevereiro de 2015, militares de tropas ucranianas receberam "torpedos" teleguiados aos seus celulares com mensagens desencorajadoras. Algo do tipo: "Seus comandantes e seu presidente traem você, pobre soldado. Outros camaradas já debandaram. Faça o mesmo!"

Ou seja, os velhos folhetos em papel saem de cena para dar lugar a novas formas de comunicação digital. Mas o objetivo em si das mensagens permanece similar: gerar desinformação e atordoar o inimigo em seu equilíbrio psicológico.

A estratégia russa, também conhecida por "guerra híbrida", atrai outros adeptos, como Irã e China. Basicamente, combina força militar convencional a atividades da chamada "zona cinzenta", como ações paramilitares, ataques cibernéticos a redes elétricas, fornecimento de água e sistemas bancários, além de interferências eleitorais e campanhas difamatórias em mídias sociais. Sem dúvida, é uma forma diferente de guerrear.

Voltando à nossa guerra bem particular de violentos assaltos a empresas de guarda e transporte de valores por meio do domínio de cidades, no ano de 2017, a disseminação de fake news via redes sociais e também por meios tradicionais da grande mídia contra 88 e Paca parece ser montada simultaneamente por equipes ligadas ao Mosca Branca, aliado da facção, e a forças de segurança pública, que não perderiam tamanha oportunidade.

Contrainformações dentro de presídios e na imprensa pretendem promover desavenças entre os integrantes, semear o caos. Acuada em um sistema penitenciário estatal incapaz de garantir o mínimo de dignidade humana – vide os bárbaros massacres ocorridos desde janeiro de 2017 em Estados como Amazonas, Roraima, Rio Grande do Norte, Acre, Goiás, Ceará e Pará, com centenas de mortes violentas, incluindo decapitações e incinerações –, a massa carcerária vê-se obrigada a integrar os quadros do grupo criminoso paulista em expansão para receber proteção, auxílio jurídico, ajuda financeira às famílias, entre outros benefícios.

Em troca, ao deixar a cadeia, o indivíduo permanece preso pela cobrança de mensalidades aviltantes (chamadas por eles de cebolas) e pela eterna lealdade aos rígidos princípios do grupo criminoso de origem prisional. O resultado é um círculo vicioso sem fim, em que se compromete a executar mais roubos, assassinatos e outros crimes na tentativa de saldar uma dívida impagável.

Então, quando a ralé explorada "descobre" que a cúpula vive cercada de regalias à custa do desvio de dinheiro de toda essa engrenagem, a revolta é certa. Sabe-se, no entanto, que o percentual arrecadatório da cebola é peixe pequeno no todo da contabilidade criminal. Sua finalidade precípua é recrutar novos adeptos e mantê-los sob rédea curta. O grosso do dinheiro vem do tráfico de drogas no atacado. E portos, como o de Santos, Paranaguá e do Pecém, no Ceará, são as portas escancaradas para o mercado consumidor mundial.

Dito isso, o fato é que o mais novo chefe em liberdade da facção paulista, ex-coroinha na infância, nada tem de santo. E mexeu em um vespeiro dos grandes. Logicamente, seus inimigos usarão qualquer artifício para derrubá-lo. Afinal, guerra é guerra!

CIUDAD DEL ESTE DOMINADA: LUZ AMARELA NO PAINEL DA CIA

Paraguai, Bolívia, 2017

Desculpe, mas uma correção já se faz necessária. Em abril de 2017 a crescente modalidade criminosa do domínio de cidades deixa de ser, pela primeira vez, uma realidade particular do Brasil. Ganha um doce quem acertar o coitado do país invadido...

Não existe nação mais bolinada pelos brasileiros do que este apêndice massacrado pela tríplice aliança em sangrentas batalhas no Rio da Prata. O domínio de Ciudad del Este, no Paraguai, perdura por horas. Esta ousada e emblemática ação, que teve como alvo uma base de valores, é claro, destacou-se pelo plano de fuga empreendido.

Três grupos se dividem: um se esconde na Argentina, outro cruza o rio em direção ao Brasil (péssima ideia) e o último escapa logo ao amanhecer, de helicóptero, com destino à capital do Paraguai. Um certo Piloto conduz Maquinado, outros comparsas graúdos e a maior parte dos cerca de 40 milhões de reais roubados. Logo depois, com o auxílio de um avião bimotor, Maquinado sai de Assunção para o Centro-Oeste do Brasil, com destino ignorado.

O assalto no Paraguai é considerado a diplomação do grupo treinado pelo mercenário Espanhol para resgatar a cúpula da facção paulista, presa em Venceslau. Fora os três mortos em perseguições posteriores (exatamente os que escolheram o Brasil como rota de fuga), todos estão aprovados com louvor. Agora, só falta o sinal verde dos líderes encarcerados. Entretanto, a ação também acende a luz amarela no painel multifacetado de gente influente.

***

Em um cafofo quente e úmido qualquer, fincado no extremo Leste da Amazônia boliviana, o agente infiltrado da CIA (a agência de espionagem americana), Miguel Rossetti, comenta uma notícia que passa na tevê:

– Viu isso, Estevez? Como pode a segunda maior cidade do Paraguai ser dominada por mais de três horas? – pergunta a seu parceiro fantasma, igual a ele.

– É, já ouvi relatos por aí de que esses assaltos fazem parte de um plano maior.

– Seus informantes não estão errados, meu amigo, mas mesmo assim a atuação desse grupo brasileiro ainda está muito no campo doméstico. Precisamos apimentar um pouco mais essa história, dar-lhes um status mais abrangente, entende?

– Sim, claro, porém o nicho forte deles é o tráfico internacional de drogas, e não esses assaltos megalomaníacos, que só chamam a atenção pra si próprios. O que você sugere? – indaga Estevez.

– Pra início de conversa, tirar o DEA[15] da jogada. Como você disse, essa facção é bastante ligada ao tráfico de drogas. E nossos colegas tão doidos pra entrar no Brasil, nas bases de inteligência contra o tráfico, da Polícia Federal.

– Como nós, né? E aí?

– Precisamos aproximar esses criminosos brasileiros do Hezzbollah e de outros grupos terroristas islâmicos – Rossetti começa a montar sua tese.

– Essa ideia não é nova. Já tentaram também com a ELN, EPP, Farc[16]... e não emplacaram de fato em nenhum governo brasileiro – rechaça Estevez.

– Ainda. Os ventos estão mudando por lá, você sabe. A esquerda caiu. Além disso, os libaneses são mestres em lavar dinheiro, enquanto a facção está avançando na tríplice fronteira, tem dinheiro e precisa de armamento. Já o Hezzbollah pode muito bem abrir seus canais para a passagem de fuzis e explosivos.

– E o que ganhariam em troca?

– Proteção de membros libaneses presos em penitenciárias brasileiras, paraguaias... a facção paulista está claramente se expandindo. E, o principal, o Hezzbollah conseguiria recursos para seus intentos extremistas no mundo ocidental. É aí que a gente entra.

---

15. *DEA: Agência responsável pelas investigações antidrogas dos Estados Unidos da América.*
16. *ELN: Exército de Libertação Nacional da Colômbia; Farc: Forças Armadas Revolucionárias da Colômbia; EPP: Exército do Povo Paraguaio.*

Estevez olha, admirado e vencido, para a figura firme e cativante à sua frente. Bigode espesso e bem cuidado, cabelos curtos e fixados para trás com muita gomalina, testa proeminente repleta de marcas horizontais de expressões indefinidas. Rossetti encarna um autêntico traficante latino-americano, seu melhor disfarce.

Desde que o escritório oficial da CIA fora desmobilizado da Bolívia a mando do cocaleiro e quase eterno presidente Evo Morales[17], o infiltrado encarnado sente-se incumbido de realocar a agência na América do Sul. Entretanto, não mais em um país intermediário como a Bolívia, mas de maior expressão continental. E, atualmente, o Brasil é o melhor candidato para o perfil requerido. Assim, poderão continuar a gastar recursos de seu bilionário orçamento e, de quebra, cair em cima da fortuna desses traficantes promissores, mas ainda periféricos.

– Só temos que descobrir quem, no Brasil, está de olho nessas movimentações. Deve ter alguém enxergando à frente. E, possivelmente, sendo ignorado por burocratas no poder. Vamos achar essa pessoa. Precisamos de mais informações sobre esse singular fenômeno criminal.

– Ok, chefe, mãos à obra – Estevez arregaça as mangas, excitado com a missão, depois de um bom tempo de inatividade.

***

Bem ou mal, o Rei do Pedaço brasiguaio mantinha certo equilíbrio na região de fronteira entre Ponta Porã e Pedro Juan Caballero. Com mão de ferro e muita influência nos altos círculos de ambas as cidades, controlava praticamente tudo o que entrava e saía, fossem muambas, armas ou drogas. E também oferecia o prestativo serviço de lavagem de dinheiro, através de seus compatriotas do Oriente Médio, por meio das várias empresas que detinha em diferentes ramos.

---

17. *Após tentar um quarto mandato consecutivo, com fortes denúncias de eleições fraudulentas, Evo Morales renunciaria à presidência em 10/11/2019, a "convite" das Forças Armadas bolivianas.*

Após o seu assassinato, muitos marginais locais aliados (leia-se contrabandistas, traficantes, agentes públicos e políticos corruptos) ficaram sem saber como legalizar o valioso produto de seus crimes e recorreram a bases de valores paraguaias para guardar seus suados numerários não contabilizados. Imagine, caro leitor, como se sentiram ao assistirem o saque explosivo de seus espólios com o grande assalto em abril de 2017... e ainda por cima perpetrado por um consórcio imperialista liderado por bandidos brasileiros em conluio com mercenários sul-americanos, africanos e do leste europeu. A escalada da violência só aumentou, com dezenas de mortes encomendadas de lado a lado, desde então.

Episódio icônico da falta de limites em guerra suja e profana ocorre em junho de 2017. Em comemoração a um ano da morte do controlador brasiguaio, um de seus desafetos e suspeito de mandar despachá-lo para a terra dos pés juntos, o tal galanteador afeminado (considerado um freelancer da facção e extremamente violento), ordena a violação do jazigo da família do ex-Rei do Pedaço, localizado no cemitério municipal de Ponta Porã. Só que o caixão escolhido é o de sua mãe. Queimam o corpo e ainda brincam com o adiantado estado de putrefação do cadáver. Tudo gravado pelos próprios criminosos bestiais.

A mensagem é clara: "Somos fortes e implacáveis. Não se metam em nosso caminho". Óbvio que tal intimidação tresloucada só fez acirrar ainda mais a disputa pelo poder na fronteira.

RESGATE EM XEQUE

São Paulo, Minas Gerais, Goiás, 2017

Saindo um pouco do cenário apocalíptico envolvendo o Paraguai, o ano de 2017 segue com os planejadores aguardando autorização para colocarem o resgate em prática. No entanto, rumores continuam a espalhar que 88 segura cada vez mais dinheiro e não presta contas de suas ações. Da Bolívia, Charuto cobra explicações a Maquinado:

– Dinheiro não é mais problema, não é possível. O que falta?

– Por incrível que pareça, falta dinheiro sim. 88 simplesmente confiscou parte do roubo do Paraguai. Além disso, tá difícil falar com a cúpula em Venceslau. Tão todos trancados no RDD[18].

– Isso não pode ficar assim. Precisamos dar um jeito.

Como ladrão só sabe roubar, Maquinado arquiteta um novo domínio, desta vez na cidade de Araçatuba/SP, em outubro. E tentará evitar ao máximo os tentáculos pegajosos de 88. O assalto mostra-se exitoso em suas características já conhecidas de pânico e explosões, verdadeiro ato de terror. Porém, um policial civil de folga, sem de fato conhecer o potencial assimétrico do domínio de cidades, progride sozinho em direção ao bando armado, e lá sucumbe de pronto. Sua morte precipita a retirada dos criminosos, que levam apenas 8 milhões de reais, valor bem abaixo do necessário.

– Só mais um e fechamos a tampa – Maquinado tenta convencer Mosca Branca e Pixaim.

– Concordo, mas não podemos deixar o 88 tomar conta. Já tô por aqui com ele – comenta Mosca.

– Tudo bem, deixa ele comigo. Só mais esse, hein, Maquinado. Soube que os vermes tão na cola de novo. A morte do policial piorou tudo. Esses caras não nos perdoam. Muito cuidado – pede Pixaim.

Uberaba/MG é o alvo do grupo no mês seguinte, em novembro de 2017. Contudo, Maquinado nem desconfia que sua esposa possui relacionamento extraconjugal justo com uma policial amante infil-

---

18. *RDD: Regime Disciplinar Diferenciado.*

trada. Apesar de aproveitar as benesses da vida de crimes do companheiro, ela não é bandida.

Iniciamos investigação prospectiva em conjunto com a área de inteligência no Paraná seguindo seus passos em ação controlada. Uma hora dará resultado. Com a ajuda da policial infiltrada colocamos escutas ambientais e passamos a ouvir as trivialidades da família do criminoso. A esposa dedicada fala com a mãe, leva a filha na escola, faz viagens ao Paraguai, Guaíra/PR, São Paulo. Até que, no início de novembro, a amante testemunha conversa da esposa com Maquinado ao telefone. Estão de mudança. O casal quer se estabelecer em Caldas Novas/GO. A descarada ainda tem o desplante de botar a ligação no viva-voz:

– Amor, cheguei aqui. Tô com saudades. Acabou, né? Vida nova agora!

– Já já vou te ver. Preciso fazer um último serviço, prometo. Tô chegando.

A agitação é grande. Descobrimos um restaurante no nome da mulher e também a casa em que pretende se assentar ao lado de Maquinado. Bandidos espertos sempre pensam em se aposentar. Enquanto isso, policiais do Comando de Inteligência da PM de Goiás alugam residência em frente e montam campana. O casarão de muros altos, com piscina e dois carrões na garagem, é avaliado em 800 mil reais. Nada mal para um recomeço. A esposa é monitorada no mercado, no açougue... e nada. Não se falam mais.

– Onde será esse assalto? – pergunta um colega da PF.

– Agora tá muito em cima. Não dá pra abraçar tudo. O melhor é esperar em Caldas com tudo o que temos – afirmo.

No dia seguinte, sábado, Maquinado vai a uma loja de ferragens em Araguari/MG com mais dois comparsas. Usando nome falso, passa cartão de crédito e compra vários metros de corrente, cadeados, pregos. Na madrugada de domingo para segunda, mais uma empresa de transporte e guarda de valores vai pelos ares. Quem será que lidera o grupo de mais de 30 criminosos em Uberaba?

***

Na grande rotatória, em frente à base de valores da vez, comboio de 11 veículos, incluindo um caminhão-baú carregado de explosivos e caminhonetes com três metralhadoras ponto 50, toma diferentes direções, cobrindo e isolando o perímetro da fortaleza prestes a ruir. São 3h24 da manhã e o time de apoio ergue barricadas em ruas de acesso ao local, incendiando veículos, prendendo correntes de aço a postes e espalhando miguelitos pelo asfalto.

Ao mesmo tempo, o batalhão da PM da região, localizado a apenas 2 quilômetros do ponto de ataque, é cercado por homens que disparam sem parar contra a estrutura, o que impede a saída dos policiais. Percebendo o sinal, a equipe de invasão inicia a investida contra os vigilantes na guarita. Sem ter o que fazer, os seguranças abrigam-se no interior da construção fortificada.

Outro grupo atira em transformadores de energia e no sistema de videomonitoramento urbano das proximidades, provocando apagão elétrico e derrubando a rede de telefonia. Centenas de disparos são relatados por moradores da cidade. E então os bandidos especializados e altamente articulados preparam e acionam a primeira carga de explosivos. Logo acessam o pátio interno da base. O segundo estrondo arromba o cofre, de onde são retirados cerca de 50 milhões de reais. Todo o bando foge por estrada vicinal sem que a polícia consiga, ao menos, chegar perto.

No raiar do dia, uma bolsa é encontrada na cena do crime. Dentre algumas ferramentas e papéis sem importância, um recibo de uma loja de ferragens chama a atenção... imagens do circuito interno do estabelecimento identificam Maquinado, bem como o carro que usava. Imediatamente, um cerco é montado na entrada de Caldas Novas, mais precisamente em frente ao Monumento das Águas, cartão-postal de boas-vindas ao paraíso das águas termais, no coração do Centro-Oeste brasileiro. Deixá-lo entrar na cidade é mais arriscado, devido ao seu poderio bélico e também à sua temerária impetuosidade.

Escondidos entre as pedras da escultura, sob o manto de cascatas artificiais, agentes identificados aguardam pacientemente a hora de agir.

– Atenção, veículo suspeito aproximando-se bem rápido do ponto de interceptação. Grandes chances de confronto, copiado?

Cones perfilados na já estreita rua de acesso lateral sinalizam operação simulada de reparo na rede de esgoto. Disfarçados de trabalhadores da Saneago (Companhia de Saneamento de Goiás), outros agentes apertam o cerco, o que faz Maquinado diminuir a velocidade muito a contragosto, mas sem notar perigo. A abordagem é inesperada, fulminante, enérgica, como ele gosta de conduzir seus ataques às bases de valores.

– Polícia, polícia! Para, para... sai do carro! Mão na cabeça!

Sereno, Maquinado apresenta documento falso (o mesmo com que comprara materiais na loja de ferragens) e tenta ludibriar os bravos policiais.

Curiosidade que não passa despercebida por tenente coronel amigo do Graer (Grupo de Radiopatrulha Aérea), oficial encarregado de dar-lhe voz de prisão, é que Maquinado usa o próprio prenome nas elaboradas falsificações, variando apenas os sobrenomes. Não chega a ser regra, mas figuras tarimbadas como ele costumam ter vários nomes falsos. Por vezes, um para cada operação delituosa. A "tática" é adotada então para Maquinado não esquecer seu nome inventado caso seja abordado pela polícia em qualquer situação em que tenha chances reais de se safar. Deu para pescar a sutileza da artimanha? Consideremos que seu nome de batismo seja Augusto, por exemplo. Se colocar Dilermando, Alfredo, Raimundo em cada nova empreitada, ficará perdido, com crise de identidade. Daí a opção pelo primeiro nome verdadeiro no documento falsificado.

Porém, até ele sabe que é tarde demais. Além de parte do dinheiro do roubo no carro, outras provas de seu envolvimento, como duas pistolas, são encontradas na residência de luxo para onde é conduzido. Sua esposa é presa em flagrante pelo armamento e também por apresentar documento falso, sendo fichada pela primeira vez.

Mais um caso de impecável atuação compartilhada dos serviços de inteligência das polícias de Minas Gerais e Goiás e da Polícia Federal, com apoio de um grupo de policiais do Paraná, liderado pelo oficial Gordo (integrante do AB Brasil). E, assim, o grande plano de libertação da cúpula da facção paulista sofre duro xeque.

REVELAÇÕES

Brasília/DF, 2050

Piauí abre a porta de seu pequeno ambiente controlado em meio ao caos infernal do subterrâneo de Águas Claras, um misto de terror psicológico dostoievskiano e pavor eterno dantesco. Raysha fita-o tomada de desamparo e angústia.

– Bem, vamos lá. O antigo livro inacabado do seu pai foi só uma isca pra chamar sua atenção. Sei o quanto essas histórias povoaram sua adolescência. Mas agora você precisa saber que corre perigo no Brasil. E também não pode mais voltar à Suíça. Neste momento seu laboratório na ETH está cheio de burocratas da Interpol e da polícia local. E tem mais...

– Onde está meu pai? – Raysha implora, sem forças. Nada mais importa para ela. Piauí não sabe por onde começar:

– Sua mãe não morreu de câncer, como se acreditou de início. Ela foi envenenada na tasca do Joaquim e plantada de volta no apartamento. Tudo para fazer parecer causas naturais e não levantar suspeitas. E o objetivo era trazer você, Raysha, ao Brasil, onde de fato está agora.

– O quê? Como assim? Aquele português filho da puta matou minha mãe? Por minha causa? Quem me quer aqui? Como você sabe de tudo isso? Por que não ajudou ela?

– Fizemos de tudo pra sua mãe deixar este país, mas sempre foi muito teimosa. Não pude protegê-la dessa vez, sinto muito... quanto ao português traíra, não se preocupe mais. Não foi ele que a envenenou, mas foi conivente. Já despachei o velho e o biopunk responsável pela morte dela pro quinto dos infernos, quando você foi tomar a saideira na padaria ao lado na manhã de hoje. Mas, antes de morrer, o português me contou que eles te querem viva.

– Eles quem?! Pra quê? Fala de uma vez!

– A Liga dos Comandos Transnacionais. Pretendem controlar a operação das redes neurais telepáticas. E precisam de você. Do que está guardado só em seu cérebro. Como estava muito difícil para eles te abordarem na Suíça, depois dos ataques de 2036, bolaram este plano para que você viesse ao território original deles, o Brasil. Minha missão é evitar mais esse desastre.

– Essa liga... foi no que se transformou a facção de São Paulo, certo? Aquela que meu pai falava no livro?

– Sim, minha pequena. Essa mesma.

– Você falou de 2036, na Suíça, e dessa liga dos comandos... de certa forma, me sinto responsável pelo crescimento deles. E agora sou responsável também pela morte da minha mãe... como pude me enganar tanto com uma pessoa? Preciso destruir tudo o que se refere às redes neurais, esse carma que só me trouxe sofrimento, antes que aquele indiano demoníaco consiga o que quer.

– Você sabe que não pode voltar atrás. A caixa de Pandora está aberta. E existem muitos outros cientistas trabalhando nesse campo, sabe-se lá com quais objetivos. O Radesh é um deles. O importante é que tenho planos para você, desde que concorde, é claro.

– E tenho escolha? Olha no que se transformou minha vida. Veja o que fiz com minha mãe. Segui uma ilusão de reencontrar meu pai e não sou nada agora – Raysha abaixa a cabeça até os joelhos unidos e quase desfalece. Piauí a ampara.

– Não se sinta responsável pela maldade dos outros. Há algumas coisas da Suíça que sempre quis te contar. Esses bastidores você não encontra em fonte aberta. A ideia é esperar a troca de turno para eu te levar em segurança ao ponto de extração. Até lá, temos um pouco de tempo ainda.

– Extração? Pra onde eu vou?

– Chegou a hora de entender o que é real de fato.

– Piauí, você não me trouxe aqui para contar "histórias pra boi dormir". O que houve com meu pai? Será que dá pra você responder o que eu pergunto?

– Confie em mim. Lá fora está um pouco agitado ainda. E você vai gostar da história...

QUEIJO SUÍÇO

Genebra, Berna, Davos, Zurique/Suíça – 2036

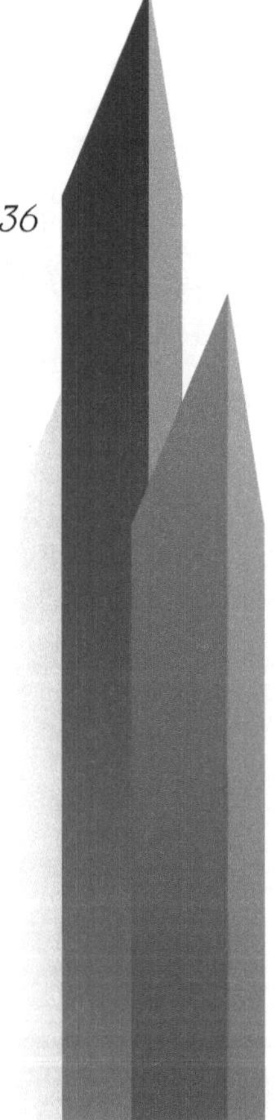

Belos lagos plácidos de Genebra ouvem a invasão retumbante de um povo criminoso que opera sem margem de erro. É final de janeiro de 2036 e seguidas explosões subterrâneas atingem em cheio, como um terremoto devastador, as obras de fundação do Futuro Colisor Circular (FCC). Obsoleto, o Grande Colisor de Hádrons (LHC) já entregou seu objetivo primordial de apresentar ao mundo a última de 17 partículas subatômicas conhecidas, o Bóson de Higgs.

Como a ciência existe para contestar e transpor limites, outras colisões serão programadas a partir deste novo anel de 100 quilômetros de diâmetro, em construção metros abaixo da sede da Organização Europeia para a Pesquisa Nuclear (CERN). Dotado de potência dez vezes maior do que o atual LHC, o FCC carrega a expectativa de confrontar prótons para revelar uma classe ainda menor e obscura de partículas que possam explicar quais forças da natureza realmente movem o universo desconhecido, curiosamente ainda em expansão, apesar de Einstein prever o contrário devido à enigmática gravidade.

Imediatamente, as redes sociais entram em polvorosa sobre o motivo dos estouros e tremores. Teorias conspiratórias ressuscitam antigos temores alarmistas de que qualquer acidente no poderoso acelerador de partículas poderia criar um buraco negro que engoliria o nosso sistema solar ou mesmo abriria portais para outras dimensões.

Ainda sem ideia do que de fato ocorre, autoridades policiais, socorristas, engenheiros e demais técnicos apressam-se em isolar a área e avaliar os danos. E então o principal conglomerado comunicacional do país sofre um ataque cibernético, tendo seu link de transmissão ao vivo invadido. Figura intrigante, coberta por um manto negro e escondida atrás de uma máscara de carranca indígena indonésia, surge em todas as telas e plataformas holográficas suíças e é replicada imediatamente para todo o mundo. Um tenebroso desconfigurador de voz completa o disfarce.

– Cidadãos ocidentais, o dia de hoje ficará marcado para sempre na história mundial. Essa é apenas a primeira intervenção que faremos nesse país sem identidade e corrupto. Somos a Liga dos Comandos Transnacionais e reivindicamos a autoria de tudo o que acontecerá de agora em diante. Como marco inicial, o ponto escolhido para o nosso domínio é este complexo tecnológico erguido sob frágeis pilares de blasfêmia e prepotência de meros cientistas mortais que se julgam superiores. A partícula de Deus só a Deus pertence. Recuem ou sofrerão a ira de nossa Liga. Outros atentados estão programados para este dia maravilhoso. Fiquem quietos, submissos em suas casas, e nada lhes acontecerá. Paz, justiça, liberdade, igualdade e união!

***

– Até agora você não mostrou nenhuma história de bastidor, Piauí. Mas eu tenho uma, quer ouvir? – pergunta Raysha na sala controlada em 2050.

– Claro, adoro novidades em casos tão emblemáticos.

– Pois bem, o orador mascarado é Radesh.

– Esta informação realmente não está em fonte aberta, mas soubemos que foi ele no decorrer das investigações. Como você descobriu?

– Pelos seus gestos bem característicos no vídeo e pela máscara. Criamos juntos essa carranca em madeira durante algumas aulas de artes, na Universidade da Indonésia. A peça é única, conheço cada detalhe talhado e pintado. Só não poderia imaginar que ele a usaria para esse fim.

– Está vendo só, passagens assim é que dão sustância às histórias.

– Um a zero pra mim. Voltemos a 2036 – diz Raysha, animada.

***

O fim da mensagem do Radesh mascarado precipita uma enxurrada de questionamentos. Que grupo terrorista é esse? Análises preliminares constatam que as explosões fizeram mais barulho do que estragos estruturais ao Futuro Colisor Circular. Ninguém se feriu. Esse desfecho sem vítimas foi algo premeditado ou apenas fruto de imperícia dos autores ou ainda sorte do acaso? Quem é a pessoa que apareceu na transmissão e o que esse grupo almeja de fato? Como instalaram tamanha carga de explosivos em local tão restrito e fortificado? E o mais urgente para o momento: qual será o próximo alvo?

Tentativas iniciais de rastrear sinais do invasor carrancudo mostram-se inúteis. Sarcástico, ele alterna seu breve discurso entre os quatro idiomas suíços, também para disseminar incompreensão e caos. Sotaque indefinido dificulta mesmo saber seu país ou região de origem. Robôs peritos varrem toda a área dos dois colisores em busca de materiais genéticos e mais explosivos, porém nada é encontrado. Perto dali, o Palácio das Nações – uma das sedes da Organização das Nações Unidas (ONU) – recebe forte esquema de segurança. Cidade global, Genebra é a principal porta de entrada de turistas na Suíça. De uma hora para outra, todos viram potenciais suspeitos.

Atordoadas, autoridades de segurança pública não sabem o que fazer. Enquanto montam um gabinete de crise na capital Berna, para repartirem democraticamente suas vãs ignorâncias, disparos de guerra acontecem debaixo dos seus narizes, nas proximidades do Zytglogge, torre medieval que já desempenhou o papel de fortificação defensiva, prisão e, há mais de quinhentos anos, abriga um grande sino e relógio no topo, mecanismo que funciona ininterruptamente desde então.

Decorridos exatos sessenta minutos do primeiro ataque, em Genebra, nova ação terrorista se desenrola, agora, no coração da capital suíça. Policiais municipais e cantonais são deslocados para proteger a sede do governo, onde os burocratas estão encastelados, em pânico, no gabinete de crise.

Contudo, as dificuldades de locomoção são tamanhas. Pontes voam pelos ares, uma a uma, com explosões programadas. Ônibus e caminhões em chamas atrapalham o fluxo em localidades estratégicas. No subterrâneo, linhas de transmissão de energia elétrica e cabos de fibras óticas são cortados. Para completar, tiros ao alto e invasão remota do sistema de defesa antiaérea inviabilizam qualquer progressão policial também pelo ar. A Suíça mergulha no caos.

Espalhadas e coordenadas, duplas de criminosos com máscaras

tribais de todos os continentes utilizam táticas de guerrilha urbana e disseminam o terror em Berna. Apenas satélites de comunicação ficam operantes, de propósito. Inúmeros vídeos e mensagens apocalípticas invadem o fluxo incessante de compartilhamentos no rude calor dos fatos. Entretanto, não há notícia de mortos. E novo comunicado pirata do onipresente terrorista mascarado aparece para todos:

– Vocês, suíços, que tanto se orgulham de seus relógios, não compreendem a impossibilidade de controlar o tempo. Mas daremos, digamos, um minuto a partir de agora para que fujam o mais longe que puderem do Zytglogge, esse símbolo de perversidade de sua sociedade falida, que já foi prisão de mulheres que ousaram deitar-se com seus padres pedófilos e pecadores. Nós, da Liga dos Comandos Transnacionais, somos como ratos e baratas criados no esgoto de suas prisões pelo mundo. Vocês podem e vão pegar cinco ou dez de nós, mas jamais aprisionarão nossa força. Corram porque, antes que Cronos autorize as badaladas ou o Bobo da Corte e os Ursos possam se salvar, nada mais restará deste monumento condenado! Paz, justiça, liberdade, igualdade e união!

Trinta segundos restam de impiedosa contagem regressiva. Até então descrentes ou paralisadas de medo, muitas pessoas ainda em frente à torre percebem finalmente a inexorabilidade do tempo e empreendem um "salve-se quem puder" insano para fora do raio de destruição do que não podem dimensionar no momento. Dez, nove, gritaria, pisoteamentos, seis, cinco, terror, três, dois, um...

De forma rápida e controlada, sucessivas explosões detonam as colunas de sustentação da construção medieval. Técnica perfeita livra outros prédios ao redor de também ruírem. Uma vez mais não há mortes decorrentes da ação. Nenhum suspeito preso ainda.

– Isso tem que parar! Quantos já morreram? É um desastre, e logo na minha gestão – esbraveja Niklaus, atual chefe de Estado suíço.

– Senhor, esse grupo nunca foi detectado pelo nosso serviço de inteligência. Estamos em campo para neutralizá-los – explica Mattis, chefe do Escritório Federal de Polícia.

– Não vejo ninguém inteligente em sua área, Mattis. São todos uns perfeitos idiotas, imbecis!

– Os ataques não se enquadram em nenhum método clássico de terrorismo convencional – prossegue o chefe de polícia, impassível. – Estamos lidando com algo novo, articulado e violento, apesar de não termos contabilizado baixas ainda. Procuramos entender o propósito deles.

– Vocês não entendem de nada, seus incompetentes! Vou convocar as forças armadas e exterminar esses "ratos e baratas" – um incontrolável Niklaus cita parte do último discurso do terrorista mascarado.

– Eles estão misturados à população e aos turistas, senhor. É arriscado lançar ofensiva aberta contra quem não conhecemos. Além disso, estão fortemente armados e controlam explosivos instalados sabe-se lá onde mais.

– Não me diga, Einstein! E o que você sugere? Não, não, não quero saber. Quero o exército agora isolando todo o perímetro da sede do governo. Vasculhem cada canto em busca dessas malditas bombas. Evacuem toda a cúpula para o bunker no subsolo – Niklaus emite ordens pensando apenas no próprio umbigo, como sempre.

– Sim, senhor. Estamos analisando as imagens de todas as câmeras instaladas nas ruas de Genebra e Berna para identificar os criminosos e verificar seu modus operandi. Informantes dizem que o próximo alvo será Davos, por causa do Fórum Econômico. Solicitei reforços lá também.

– Mas é claro! Não existe melhor holofote mundial no dia de hoje. Finalmente você acertou uma, Mattis. Mande o restante de nossas tropas para Davos. Agora preciso ir.

– Senhor, uma última coisa. Acho que vale a pena ouvirmos o aBA [Alpha-Bravo Amortais] como alternativa.

– Você está gozando com a minha cara, Mattis? Acabei de te elogiar e você quer que eu ouça esses mercenários sem honra nem pátria? Somos capazes de resolver isso sozinhos. Não somos?

– Na verdade eles dizem ter informações sobre a organização criminosa que nos ataca, tudo o que não temos. E não querem um franco em troca. Não custa conversar.

– Terroristas viraram organização criminosa agora? Além do mais, nunca sabemos onde esses aBA se escondem. Não chegarão a tempo aqui. Preciso descer, pois podemos ser os próximos da lista.

– Senhor, um representante do aBA nos aguarda nesse exato momento na antessala.

– Como assim? Você o chamou sem minha autorização? E se forem eles os autores de toda essa bagunça? Não confio em quem se coloca acima da lei.

– Não, senhor. O indivíduo que está lá fora veio por conta própria, é um dos fundadores do grupo e diz que a Liga dos Comandos Transnacionais tem origem em seu Brasil natal. Sinceramente, não estamos em condições de recusar sua ajuda.

Sem saída, o acuado Niklaus entrega os pontos e acena afirmativamente para a entrada do cidadão, integrante de um já lendário grupo de elite formado por abnegados agentes da lei, outrora integrados a forças especiais pelo mundo, mas hoje relegados ao limbo necessário a quem não se enquadra no sistema. São uma espécie de clã fechado no propósito de obter justiça a qualquer custo. Insubordinados a hierarquias, burocracias ou fronteiras, seus membros possuem, no entanto, um rígido código de conduta: Força e Honra, sempre!

De cima de seu um metro e noventa e oito de envergadura, o comandante suíço (estereótipo da mais alta expressão ariana de louridão e olhos azuis) se apequena ante a presença imponente de um categórico e velho fantasma, condensado a um metro e sessenta e seis de pele morena castigada pelo sol, abaixo da média para a estatura de um guerreiro lendário, na avaliação preconceituosa de Niklaus.

***

Neste instante da história, a Raysha de 2050 põe a mão na boca e começa a tremer, como se estivesse em um transe. Piauí finge não reparar. Esta foi a única forma que encontrou para contar-lhe sobre o pai. E prossegue com a narrativa.

***

– É você? Só isso? Qual o seu nome? – o líder suíço destila desprezo em alemão. – Ah, desculpe, quer que eu fale em qual idioma? Sabe falar alguma outra língua além do... do...

– Ele é brasileiro, senhor. Sua língua de berço é o português – Mattis orienta seu chefe.

– Nada disso importa. Não temos tempo – o agente do aBA entende os questionamentos e as ironias com o auxílio de seu aplicativo tradutor e responde em português mesmo. Suas palavras, então, são amplificadas em alemão metalizado do gadget.

Surpreendido pela curiosa tecnologia em poder de um brasileiro esmirrado, o germano-suíço arrogante contra-ataca:

– E esses óculos escuros? Acha mesmo que vão impedir sua identificação? Não seja ridículo!

O visitante vira-se para Mattis, importante colaborador do aBA na qualidade de chefe da Polícia Federal suíça, e esboça leve sorriso cínico. Ambos sabem que os óculos, na verdade, criam uma espécie de máscara digital em torno de toda a cabeça do usuário, utilizando tecnologia móvel de realidade virtual e driblando o escaneamento dos mais avançados sistemas de reconhecimento facial.

– Presta atenção, eles estão brincando com vocês. Esse grupo faz um terrorismo com o qual os europeus não estão acostumados: é o terrorismo contra o patrimônio. A única ideologia deles é o dinheiro. Mas quem cruzar seu caminho vai morrer.

– Sinceramente, esperava mais dos tão falados Alpha-Bravo Amortais. Que dinheiro? Quase não existe mais dinheiro em circulação, mesmo na Suíça, país mais apegado ao papel moeda. Assaltos a banco ficaram no passado. O que eles querem é nos desmoralizar. Mas já estamos tomando nossas providências, não é, Mattis? – o subalterno permanece calado.

– Pois é exatamente o que eles devem estar fazendo desde o primeiro "atentado" em Genebra. Assaltando um banco sem alarde. Mas qual poderia ser? Esses ataques em escala progressiva a símbolos do seu país são apenas cortina de fumaça para distrair vocês do principal objetivo deles, não entende isso?

– Você é um lunático muito criativo – Niklaus gargalha. – Agradeço sua preocupação, mas pode deixar conosco. Vamos esmagar esse grupelho insignificante. Além do mais, se tentarem algum tipo de ataque cibernético às nossas instituições financeiras, darão de cara contra os mais sofisticados e impenetráveis sistemas de segurança bancária do mundo. Agora nos dê licença que precisamos trabalhar.

– O roubo será bastante físico. Se bem que eles já inutilizaram os sistemas de defesa antiaérea. E também controlam as comunicações. Talvez façam algo híbrido.

O experiente ex-agente pensa em voz alta, sem dar ouvidos ao convite para que se retire. E então, ignorando completamente Niklaus, vira-se para Mattis e crava:

– Ouro e pedras preciosas. Esse é o alvo!

– Meu Deus, o Banco Nacional Suíço! – Mattis deduz imediatamente.

Nesse instante Niklaus recebe nova atualização do seu secretário de defesa via comunicador. E exige silêncio dos outros dois.

– Certo, agora nós os pegaremos. Como são burros! Acabam de cavar a própria cova. Fechem a fronteira com a Áustria. Os alpes farão o resto. Todas as tropas para Davos, mas mantenha um efetivo também em Berna. Estou descendo para o bunker – comemora.

– O que houve, Niklaus? – pergunta o chefe da Polícia Federal, cansado de ser humilhado e preterido nas decisões estratégicas.

– Viu? Você estava certo sobre Davos, Mattis. O mesmo grupo invadiu o Fórum Econômico e fez várias autoridades internacionais reféns. Algumas estão servindo como escudos humanos para a tentativa de fuga dos terroristas. Onde já se viu terrorista querer fugir? De qualquer forma, antes essas autoridades com o rei na barriga do que eu. Acompanhe esse maluco para fora do nosso país. Até nunca mais! – Niklaus pega o elevador privativo e desce até seu inferno particular, prestes a incandescer.

– O que vai ser então, alma sebosa? – indaga o brasileiro.

– Bem, se não fui demitido, acabo de me considerar como tal. Vamos para Zurique. No caminho você me diz se estou apto a entrar de vez para o aBA – fala um aliviado Mattis.

– Calma, agente! Agora temos uns bandidos para confrontar.

***

Olhando fixamente para Piauí, Raysha pergunta pela última vez sobre o pai. Sabe que não há mais como seu padrinho se esquivar:

– Qual a última vez em que esteve com ele? Não minta pra mim. Não tem mais do que me proteger. Já estou exposta, você mesmo disse.

Piauí respira fundo e seus olhos se umedecem imediatamente:

– Não o vejo há cinco anos. E não recebo contato dele desde 2048.

A fisionomia de Raysha e todo o seu ser ganham contornos iluminados de alívio e esplendor. Difícil manter esperança ativa por tanto tempo. Bastaram duas frases objetivas para resumir seu sofrimento de inimagináveis três décadas para singelos dois anos.

Ela, enfim, desaba e chora convulsivamente abraçada a Piauí. Não quer julgar ninguém agora, apenas esvair-se em pranto libertador e expiar sentimentos ruins que a impregnaram por todos esses anos.

Ainda abraçado a ela, sem coragem de encará-la, o velho policial aposentado (atualmente leciona Sociologia das Facções) também aproveita para jogar seus pesos fora:

– Me desculpe, perdão. Fizemos o impossível por você e sua mãe. Saiba que Renato acompanhou todos os seus passos desde que partiu. Foi a escolha mais difícil da vida dele, porém a mais acertada para não colocá-las em risco. No entanto, a vida tem seus próprios atalhos para a morte. Falhei em proteger sua mãe, mas darei a minha vida por você.

– Eu sabia! Sempre soube! Depois a gente conversa sobre essas coisas, Dindo. Onde ele pode estar agora? No que está metido? Não é possível que tenha morrido justo agora, né?

Piauí interrompe o abraço e a encara com profunda ternura:

– Pode soar irônico, mas seu pai é praticamente amortal, Ray...

– Oi? CRISPR? Não pode ser, desde 2018, depois das bebês gêmeas do chinês maluco, existe um rígido controle ético e legal quanto à modificação genética em seres humanos. Falar em alterações exclusivamente eugênicas, então, nem pensar.

– Adoro o jeito empolgado e cheio de vitalidade com que você defende o seu ofício de cientista, minha flor, mas existem decisões estratégicas que passam ao largo da moral.

– Não, esse não é o momento pra gente discutir, caro Piuaí. Quero saber do meu pai. Onde ele está? Mereço saber, por favor.

– Claro que sim, mas não sei a resposta. Pode estar enfiado em qualquer buraco desse planeta. Mas algo me diz que a sua busca, Ray, está perto do fim. Agora, seu pai é que vai encontrá-la. E estou aqui para ajudar.

Tomada por profunda emoção, Raysha tenta manter-se alerta, racional.

– Tudo bem, e o Radesh? O que aconteceu com ele? Preso de novo não foi. Está morto ou foragido?

Piauí se ajeita na cadeira e volta a narrar a história não autorizada de 2036...

***

Enquanto todos os olhos, radares e miras voltam-se à pequena, bucólica e nevada Davos, Renato Júnior e seu recém-aspirante do aBA, Mattis, pegam emprestado veículo leve voador no topo da sede do governo e tomam o caminho de Zurique, onde está localizado o Banco Nacional Suíço. Contrariando ordens diretas de Niklaus, o ex-chefe da Polícia Federal arregimenta poucos, mas confiáveis irmãos de armas para cercarem a principal instituição financeira do país.

– Diga aos seus colegas para ninguém querer dar uma de herói. Nossa missão é apenas vigiar, colher provas e segui-los, em segurança, nas diferentes rotas que vão tomar para dificultar a perseguição; assim vamos quebrar o plano de fuga deles – orienta Renato.

– Por sua experiência contra esses marginais, o comando é seu, amigo.

– Se partirmos para o confronto aberto agora, a morte é certa. Vamos esperar que se dividam. Aí ficará mais fácil abordá-los. Tenho homens a postos nas principais passagens das fronteiras. Só precisamos dar a eles as coordenadas dos bandidos.

Ambos voam literalmente em direção a Zurique. Faltam vinte minutos para a chegada ao banco, e o cenário abaixo é de caos e destruição. Incêndios se alastram a prédios públicos, residências e vegetação; colisões por simples pânico dos condutores bloqueiam ainda mais o trânsito terrestre; sirenes de viaturas policiais e ambulâncias mesclam-se aos temerários estrondos de disparos e explosões.

Em tela, *breaking news* divulgam panorama ainda pior em Davos, onde o magnífico hotel que sedia o fórum, palco de encontro da elite financeira mundial (situado aos pés da Montanha Mágica de Thomas Mann), encontra-se completamente sitiado. Atiradores de elite das forças armadas ignoram a formação de escudos humanos, vestidos apenas com roupas íntimas no frio congelante de 15º negativos, e iniciam disparos impiedosos na cabeça dos terroristas mascarados, pretensamente protegidos pelos reféns. Tudo transmitido ao vivo.

Mesmo com o pavor do sangue na neve branca e os insistentes apelos dos mascarados para que os tiros cessem, a matança continua. Os bravos militares seguem à risca as ordens de Niklaus para exterminar os "ratos e baratas" que ousaram infestar a Suíça. Na sequência, quase imperceptivelmente, no canto do vídeo, os reféns desnudos e ilesos deixam o local do abate de forma surpreendentemente organizada e serena, ainda com as mãos para o alto.

– Cacete, os reféns são os terroristas! Como caíram nessa? – Renato não acredita no que vê.

– Mas então quem morreu? – Mattis pergunta já sabendo a resposta. Na extensa lista de mortos e feridos (estarrecido, o mundo constataria depois), figurariam líderes empresariais e políticos, membros de realezas, jornalistas, religiosos e influenciadores digitais. Uma tragédia colossal que cairia toda na conta do aparvalhado Niklaus.

– Eles vão fugir. Avisa a alguém seu, rápido!

Antes que Mattis possa acionar o comunicador, entretanto, um forte barulho é ouvido na traseira da aeronave, desestabilizando-a.

– Que foi isso? – Renato não confessa, mas tem verdadeiro pavor de voar. Mais ainda de cair.

– Munição antiaérea. Parece que nos detectaram.

– Tem arma nesse troço? Só me dizer como miro e onde aperto que acabo com esses merdas.

– Tem sim, mas tá avariada. Precisamos ejetar.

– Como é? Não dá pra apenas pousar?

– Aperta o cinto. A poltrona já possui paraquedas que é acionado automaticamente.

– Ô, minha Nossa Senhora, faz isso não. Espera aí... – Renato não tem tempo nem de rezar. Só sente forte empuxo e logo tudo vira breu.

***

"Não podemos mais adiar sua partida. Eles fecharam o cerco. Você será executado em breve, caso volte a dar bobeira e cair nas armadilhas desses canalhas. Nesse mundo cão, todos foram comprados. Em sua atual posição, não temos como protegê-lo, você sabe. Não queremos correr esse risco contigo. O que te ofereço é uma nova chance. Mas o custo é não ver mais sua família. Para todos os efeitos, você deixará de existir. Irá se tornar um fantasma. E, como tal, vai assombrar os piores demônios em vida, inclusive os que te perseguem. Nossa organização tomará conta de sua mulher e filha, não se preocupe. Entenda que elas precisam ficar de fora de todo esse pesadelo. Você representa perigo constante a quem está à sua volta".

Em seu desmaio decorrente da inesperada ejeção em 2036, Renato se desloca ao longínquo janeiro de 2020, quando Rossetti avisa que chegou a hora. E rememora, no limiar entre o sonho e o estado de vigília, o momento da partida...

Céu azul sem nuvens indica dia quente. Café da manhã corriqueiro na varanda do apartamento de Águas Claras, em Brasília, pesa toneladas insuportáveis em meu peito. Respirar é difícil.

Sofro de forte gripe após retornar de uma viagem à China, onde palestrei sobre Domínio de Cidades no Yellow Crane Tower, localizado na província de Hubei. No caminho de volta, ainda em meados de janeiro, passei dois dias em Milão, na Itália, em congresso sobre novas formas usadas por grupos mafiosos para lavar dinheiro. Ainda estiquei uma visita a representantes do Government Communications Headquarters (GCHQ), em Londres, Reino Unido, para explicar conceitos básicos da nova modalidade criminal violenta brasileira a colegas do serviço de inteligência britânico. Verdadeira peregrinação...

Com o ultimato de Rossetti, nem consigo saborear o derradeiro momento em família.

– Pai, passa a manteiga? – Raysha, minha filha, menina tão linda, inteligente, confiante. Mal sabe ela que pode ter o que quiser. Aos quinze, não precisa mais desse pai velho e superado. Tudo bem, precisa sim, claro. Racionalizar sempre foi minha defesa favorita.

– Nossa, amor, que cara é essa? Tudo bem no trabalho? Logo logo você entra de férias – esposa amada sempre buscando improváveis lados bons da vida.

– Eu já tô de férias! Posso ir contigo hoje, pai? Aproveito e faço mais algumas anotações do livro pra gente discutir depois – Raysha sempre próxima, conectada a mim de qualquer jeito.

– Hoje não vai dar, meu bem. Dia cheio... e esse grupo no zap? Vivem apagando as mensagens. Pessoal neurótico! – elas não entendem meu nervosismo.

Antes de sumir do mapa e mergulhar de cabeça na infiltração sem volta mais difícil de minha vida, despeço-me veladamente das duas. Abraços apertados pretendem reter o calor e o cheiro de seus corpos em minha mente e ossos.

Estou longe, lá nos campos de várzea da minha infância pernambucana, onde extravasava sentimentos de incompreensão e raiva por ver meu pai de corpo presente, mas inacessível, sem mobilidade ou comunicação após seguidos acidentes vasculares cerebrais. Terei sido eu, Renato, um bom pai até aqui? Que lembranças deixarei gravadas em Raysha depois dessa ausência física forçada e perpétua que estou prestes a impingir-lhe? O que mãe e filha pensarão sobre a atitude abominável que tomarei?

Fecho a porta da sala sem olhar para trás. Sem paciência para aguardar o elevador, despenco pelas escadas de incêndio, como se pudesse fugir do sufocamento iminente. Já me sinto morto por dentro, requisito primordial para me tornar uma alma penada e mortífera.

***

A consciência retorna aos poucos. Sirenes de ambulâncias querem me dizer algo mais. Ambulâncias rumando apressadas em diferentes direções. Sim, vi isso do alto do veículo voador. Mas é claro!

– Acorda, Renato! Anda, acorda! – Mattis sacode o guerreiro brasileiro. Chegam a salvo ao chão.

– As ambulâncias, o ouro está nelas!

– Você está desorientado. Olha pra mim. A gente precisa sair daqui. Já sabem onde caímos.

– Está com sua arma? – Renato reassume suas faculdades capitais.

– Sempre.

– Eu também, parceiro. Então ninguém chega na gente sem luta.

– E que delírio é esse de ambulância? É normal elas estarem circulando em grande número, o país está um caos. Estou quase chamando uma para você.

– Não temos tempo para explicações. Apenas confie em mim. Você não vai querer cruzar com uma ambulância agora.

E então um robusto veículo de salvamento desponta ao longe, em alta velocidade e com o giroscópio no último volume.

– Deixa comigo. Você não fala coisa com coisa. Pode estar com algum ferimento interno. Vai embarcar nessa agora – Mattis ergue seu distintivo mostrando autoridade.

– Não seja imbecil como seu último chefe. Vamos nos esconder – Renato tenta impedi-lo, mas ainda sente dores na cervical.

– Estranho, pelas leituras do equipamento esta viatura devia estar em Genebra.

– É clonada, abaixa!

As rajadas de metralhadora partem ao meio uma velha magnólia a dois metros deles. A ambulância passa como uma flecha. Os bandidos têm mais o que fazer, como dar no pé com uma tonelada de ouro, por exemplo. Mas, por vício, tentam abater os policiais inconvenientes.

Só não contaram com a astúcia de um brasileiro esmirrado e metido. E, além do mais, cheio dos recursos tecnológicos. Sem nem mesmo mirar, dá um tiro quase displicente em direção ao veículo em fuga, no modo pequeno míssil teleguiado. Um ainda calouro Mattis repreende-o de forma veemente:

– Tá maluco? A Convenção de Genebra baniu esse armamento mesmo em determinados conflitos declarados. E você atira contra uma ambulância? E se tiver algum paciente lá?

O estouro faz o veículo capotar diversas vezes, arremessando tijolos dourados a todos os lados. A Suíça ainda é, desde a Segunda Guerra, responsável pelo refinamento de 70 por cento do ouro no mundo. Apesar de não ter sequer uma única mina ativa há bastante tempo.

– Escuta aqui, Mattis! Genebra tá uma zona. Mirei nos pneus. Capotaram por causa da velocidade e do peso excedente. E atiraram em nós, esqueceu?

– Muito arriscado isso. E se forem terroristas com reféns a bordo, como em Davos?

– Os reféns de Davos estão mortos, assassinados pelas suas forças armadas. Vamos lá ver se esses putos estão vivos. Tomara que sim, serão de grande valia.

No caminho até a ambulância despedaçada, Mattis distrai-se com as barras esparramadas pelo chão. Não consegue disfarçar cobiça reprimida. Plenamente focado em possível reação de quem, vai saber, ainda possa revidar, Renato apenas diz:

– A tentação é grande, eu sei. Mas aí você se contamina de vez, vai por mim. E se coloca em risco porque esses caras são duros na queda e ainda podem estar vivos. Vaso ruim não quebra.

– Vaso ruim? O que isso tem a ver? – um pouco envergonhado por ter seu pensamento interpretado por Renato, Mattis não compreende o ditado popular brasileiro. O tradutor não chega ainda a tais nuances.

Percebem ruído na carcaça contorcida e congelam conversa e posições. Entram no modo mudo de sobrevivência universal. E margeiam o veículo em perfeita sincronia. Descobrem homem agonizante com dezenas de quilos de ouro no peito. Retiram o bastante para ele respirar. Renato reconhece-o na hora. O bandido se espanta ao encarar Renato. Sussurra-lhe palavras cuspidas no leito de morte:

– Então é verdade que você esteve vivo por todos esses anos. Melhor que seja por suas mãos – o velho ladrão Maquinado aceita o próprio fim.

– Você pode se redimir, o mínimo que seja. Qual é a sua rota? E as outras? Isso tudo já foi longe demais, Maquinado – Renato sabe que o tempo de seu adversário se esvai rapidamente.

Agarrando-se a uma improvável redenção, fruto de um raro momento de boa-fé, o clássico bandido da velha guarda paulista junta o último suspiro:

– Gibraltar, Bálcans, Irã – sem mais fôlego, Maquinado morre com expressão de profundo alívio.

***

Curiosa com o insight do pai sobre a ambulância durante o desmaio, Raysha pergunta:

– Como ele soube que o ouro estava nas ambulâncias, Piauí?

– Ah, sim. Me empresta o caderno com as histórias.

– Aqui.

O velho policial abre o documento já na página certa. Conhece essa papelada de trás para frente.

– Foi por causa deste capítulo! Vai sair um pouco da ordem, mas vale a pena dar uma olhadinha agora.

DOBRADINHA DE SUCESSO

Santa Catarina, Minas Gerais, São Paulo, 2019

O ano de 2019 progride com o que parece ser uma mudança de alvo das quadrilhas. Saem de cena as empresas de transporte e guarda de valores e entram os aeroportos, dotados de estruturas de segurança bem menos rígidas, no geral. Outra novidade percebida pelas investigações integradas refere-se às estratégias de fuga utilizadas pelos bandos. Não existem coincidências. Vamos aos fatos.

Um pequeno aeroclube na cidade de Blumenau surge, em março, como palco do maior roubo registrado no Estado de Santa Catarina. Dois veículos de luxo, pretos e blindados, invadem a pista no momento em que um avião com numerário descarrega dinheiro para dois carros-fortes, surpreendendo os vigilantes. O tiroteio é feroz, sendo contabilizados mais de 150 disparos efetuados. Portando oito fuzis e uma metralhadora ponto 50, a superioridade dos assaltantes é arrebatadora. Mesmo se refugiando dentro dos carros-fortes, dois funcionários da empresa de segurança são covardemente feridos. Diante de tantos tiros, uma mulher morre vítima de bala perdida nas redondezas. Tragédia. Cerca de 10 milhões de reais são levados sem dificuldades.

Dias depois, com a não tão rápida resposta da polícia, parte da quadrilha é localizada e três suspeitos são presos. Um deles está de posse de uma ambulância clonada, veículo usado para a fuga dos marginais. Quem vai parar uma ambulância? Em depoimento, diz não conhecer os demais integrantes do grupo. Com ele é apreendida a mísera quantia de 18 mil reais, seu pagamento pelo serviço. E só. Os quase 10 milhões chegam limpos a São Paulo, imprensados na caçamba de um caminhão de lixo. Quem vai parar um caminhão de lixo? Nos meses seguintes, outras peças menos importantes da quadrilha também são detidas, como funcionários da transportadora de valores que passaram informações privilegiadas e estelionatários que providenciaram a locação de imóveis e veículos com documentos falsos para a realização do crime. Muito pouco resultado.

No entanto, a prisão do motorista da ambulância em Blumenau/SC – tachada inicialmente como mero fio solto em linha de investigação sem futuro – faz toda a diferença. E as evidências só podem ser interligadas se houver conexão entre inúmeras possibilidades colocadas à prova diariamente pelos técnicos periciais. Colher amostras de DNA no tempo certo e compartilhá-las por meio de cruzamentos com outros Estados são ações óbvias no mundo perfeito de seriados policiais televisivos.

Pois neste caso, pelo menos, a realidade brasileira imitou a arte. O suspeito da ambulância em Blumenau deu *match* (teste positivo) com outra cultura coletada em Passos/MG, em abril de 2018. Na ocasião, que vamos abordar mais à frente, nem se soube como os bandidos principais fugiram. Que tal de ambulância? E caminhão de lixo servindo para evadir grana nunca achada...

A dupla infalível (ambulância e caminhão de lixo) tem nova comprovação no superassalto ao terminal de cargas do aeroporto internacional de Guarulhos, em São Paulo, julho de 2019, quando nada menos do que 720 quilos de ouro e pedras preciosas, estimados em 120 milhões de reais, são surrupiados em três minutos. O fulano preso em Blumenau não estava em Guarulhos, claro, mas o modus operandi da rota de fuga persiste com sucesso. E essa quadrilha do ouro é ligada a Maquinado, cem por cento de certeza. Só falta provar.

PELA RAIZ

*São Paulo, Goiás, dezembro
de 2017 a março de 2018*

A queda de Maquinado, em novembro de 2017, suspende o plano de fuga. Por ora. Está certo que ninguém é insubstituível, mas a facção sente o baque. Ele era o cabeça não só dos ataques às bases de valores sob o temível domínio de cidades. Seria, principalmente, o líder de campo na invasão do complexo prisional de Presidente Venceslau.

Dias depois, em conversa com o parceiro Aipim, seu braço direito (tipo o faz-tudo) na favela de Paraisópolis, Mosca Branca deixa de lado sua costumeira fala mansa e mostra-se bastante irritado com a prisão:

– Merda, o pior foi que concordei com essa miséria de último assalto. Faltava tão pouco... – lamenta-se.

– Sim, mas como fizeram a casinha pra ele em Caldas? Maquinado sempre foi ligado nas quebrada, mano. Tem algum cagueta entregando a fita – especula Aipim.

– É claro que tem, mas não é dos nossos não. Isso é coisa de policial obcecado, metido a herói – diz Mosca.

– Vamo fazer ele então. Vai cair esse puto – fala o aliado.

– Meus informantes tão trabalhando nessa missão e já temos um bom suspeito. Só falta confirmar uns últimos detalhes. A gente não pode gastar cartucho à toa e começar uma guerra aberta com esses vermes – pondera Mosca.

– Quem é? Desembucha, homi! – a cachaça eleva a feiura medonha de Aipim à décima potência.

– Acho que é o mesmo policial que derrubou meus aviões no Triângulo Mineiro e meus caminhões em São Paulo. O puto é fifa. E já teve cara a cara comigo naquela tentativa de me trancar por causa do Banco Central. Na próxima ele não escapa! E você vai estar lá pra fazer o serviço, Aipim!

O capanga sorri.

***

Com a maré ainda a azarar a facção, nada é tão ruim que não possa piorar. Dezembro de 2017 traz a morte violenta de um ex-integrante da cúpula. Bodega liderava o tráfico de drogas na região de Diadema, ampliando seus domínios até a zona sul da capital paulistana. Na cadeia, logo se filiou ao grupo prisional e se tornou um de seus principais financiadores. E também virou amigo pessoal de Nareba, com quem dividia pena na P2 de Venceslau.

Tudo ia bem até que sua mulher, apoiando-se nas costas largas e quentes do marido encarcerado, armou um barraco com companheiras de outros detentos. Com Nareba incomunicável no RDD, Bodega teria dado razão à própria esposa, apesar de tudo e de todos apontarem ela como a culpada pelo entrevero.

Mas, você pode perguntar, seria essa falha de julgamento motivo suficiente para tirar a vida de quem tanto ajudou a facção? E da forma como foi – todo cortado e perfurado por estilete e faca artesanal durante o banho de sol? E no mesmo presídio onde estão as lideranças, motivo do plano de fuga? Quem seria capaz de autorizar tamanha ousadia?

Mais uma vez o nome de 88 é aventado. Era, à época, o número um em liberdade e poderia ser facilmente contatado para dar a ordem, mesmo sabendo que passaria por cima de Nareba. Como se não bastasse, as biqueiras e as rotas do tráfico de Bodega interessariam ao apetite voraz de 88, que seria capaz de tudo para se manter no poder. Inclusive roubar os irmãos, atrapalhar o resgate da cúpula e matar outras lideranças. Até o Nareba, por que não?

Não se sabe como, mas todo esse enredo chega ao conhecimento do capo, o número um de verdade, que manda um bilhete ao Charuto:

"Corte o mal pela raiz. E eu não tenho nada a ver com isso, entendeu? Use seus chegados pra limpar essa sujeira do 88. Todos serão muito bem pagos" – sentencia Nareba.

Em outro momento, agora em raro contato face a face com Mosca Branca, Charuto explica o desenrolar dos fatos:

– De tempos em tempos, precisamos podar galhos que querem se destacar demais e acabam impedindo o crescimento uniforme de toda a estrutura, entende? – filosofa Charuto.

– Eu avisei que 88 tava indo com muita sede ao pote. E chamar atenção pra Venceslau logo agora, pô? Parece que é de propósito, quer empatar nossa caminhada. Quem você vai recrutar pra essa restrita? – pergunta Mosca.

– Alguém em quem ele confia. 88 é muito ligado, mas dessa vez sua alma já tá encomendada.

– Deixa ver se eu adivinho: Pixaim – crava Mosca.

Ambos se olham e se entendem apenas com breves sorrisos de canto de boca. Não se passariam nem dois meses para que 88 e Anta fossem encontrados sem vida em matagal de certa reserva indígena cearense, em fevereiro de 2018.

***

Eliminado o câncer agressivo que corroía as entranhas da facção – juntamente com o efeito colateral das inevitáveis queimas de arquivo posteriores de soldados descartáveis como Pixaim e Esporão –, Charuto e Mosca começam a reeditar o plano de fuga. O projeto está mais do que pago, apesar de 88 ter sumido com algo próximo de 100 milhões de reais, dizem colaboradores. Porém, o consórcio de bandidos se dispersou diante de tantos revezes, como a prisão de Maquinado, a previsível caça a outros integrantes e a guerra interna que rachou violentamente crânios e ideologias do grupo criminoso.

O certo é que remanescentes do bando de Maquinado permaneceram na pista. E, por não serem meras baratas tontas, esses ladrões violentos e altamente especializados – graças ao treinamento recebido no Paraguai – logo se reagruparam. Charuto e Mosca não tiveram dificuldades em passar-lhes a mais nova urgência do momento: libertar Maquinado.

Ainda sem muita noção da alta periculosidade do detento, autoridades do Estado de Goiás promovem sua transferência de Aparecida de Goiânia para o presídio de Anápolis, em março de 2018. Acontece que um criminoso como ele, responsável direto por missões confiadas pela cúpula do Partido, não pode dar sopa em qualquer portinha de cadeia. Enquanto isso, seus companheiros lançam-se em mais um crime violento, exibindo força e audácia. Estamos em abril de 2018 e ocorre um duplo assalto a agências bancárias em mais uma madrugada explosiva.

PASSOS À FRENTE

Minas Gerais, São Paulo, 2018 e 2019

Passos, no sul de Minas Gerais, possui cerca de 115 mil habitantes e concentra boa parte de suas atividades econômicas na agropecuária, no setor de serviços e em indústrias de confecções e móveis. Não chega a ser um município de destaque, mas o dinheiro circula em grande quantidade, o que o torna alvo preferencial para quadrilhas do domínio de cidades.

Dito e feito. Quatro veículos e motocicletas invadem o centro da cidade e estabelecem um perímetro de segurança que envolve instituições financeiras na mesma rua. Uma delas é conhecida por ser a central de guarda, distribuição e abastecimento de um banco estatal. Isolam também uma Companhia da Polícia Militar e a Delegacia Regional da Polícia Civil, localizadas a poucos quarteirões à frente. Os disparos de contenção e as explosões começam.

A central de guarda e distribuição apresenta-se como um modelo diferente de banco depositário de valores expressivos. Isso significa que comporta muito mais dinheiro do que uma agência qualquer. Centrais do tipo funcionam como uma sucursal do Banco Central, que envia o numerário do país para ser custodiado nesses estabelecimentos. Por tal razão, deveriam ser mais fortificadas.

O primeiro estrondo vence sem dificuldades o portão principal. Outras cinco explosões derrubam, uma a uma, barreiras internas até a chegada ao cofre, que igualmente é estourado. Cabe destacar a evolução da dinâmica criminal empreendida nesse roubo. Uma das "armas" tecnológicas utilizadas pelas agências bancárias para tentar evitar a ação dos bandidos, e que vinha acumulando resultados positivos, a impregnação do ambiente com fumaça não é capaz de deter os marginais desta vez. Dotados de máscaras de gás e operando uma espécie de exaustor gigante, ligado a um motor acima de uma das caminhonetes na rua, os indivíduos da equipe de extração sugam toda a fumaça que sai por aberturas no teto, deixando livre o caminho para os explosivistas fazerem seu trabalho com tranquilidade e visibilidade.

Após quase duas horas de terror, toda a quadrilha escapa, levando em torno de 27 milhões de reais e deixando o velho conhecido rastro de destruição atrás de si. Na manhã seguinte, incomodados e, de certa forma, envergonhados com a barbárie realizada tão próxima à Companhia da PM em que atuam, um capitão e um major conversam ao telefone:

– Senhor, minha esposa perguntou por que deixamos isso acontecer. Ela disse: "Se não fizermos nada, na próxima eles vão cagar na nossa cabeça". Eu não soube o que responder... – diz o capitão.

– Entendo a preocupação dela. Alguns vizinhos também me cobraram. Disseram que tínhamos de ir pra cima deles, mas não é assim que funciona. Não nesse tipo de assalto. Não posso ser imprudente e mandar meus policiais de bandeja pra morrer. Isso aqui não é filme, é realidade – pondera o major.

– Sim, mas vamos ficar com essa imagem de desqualificados, inferiores ou até, perdão pela palavra, covardes, senhor?

– Sei que é difícil explicar certas coisas à população, mas estamos diante de um fenômeno criminal novo, exclusivamente brasileiro. Esse modus operandi já tem sido discutido por um grupo de agentes de segurança pública, integrantes do que chamam de Alpha-Bravo Brasil. Vamos convidá-los para entender o que houve aqui. Com a ajuda deles iremos prender esses bandidos e passar o recado claro de que em Passos esse terror não vai mais acontecer. A inteligência policial é nossa maior aliada agora.

– Ótimo, estou dentro!

– Claro que sim.

Na mesma manhã uma força-tarefa informal, contudo fortemente empenhada em resolver o problema, sem burocracias ou hierarquias, é composta pelos dois policiais militares, além de vários especialistas de diferentes forças e Estados. Promotor, juiz, alguns colegas de forças policiais distintas e de confiança iniciam a troca de informações para localizar a quadrilha.

E então surge um novo personagem: Sinhô Roliúde – calvo, barrigudo, prestes a se aposentar e atualmente lotado em Belo Horizonte. Devido à sua alegada competência e tirocínio policial – mostrada ao participar da última prisão de Nareba, em julho de 1999, em parceria com policiais de São Paulo –, é enviado às pressas para coordenar a investigação na cidade de Passos.

Parece destoar um pouco da força-tarefa recém-criada, mas não pode ficar de fora. Em conversas pelo aplicativo de mensagens, apontamos que se trata de uma quadrilha oriunda de São Paulo, o Bonde de Campinas, intimamente ligada a Maquinado e sabidamente envolvida em relações promíscuas com algumas laranjas podres da área de segurança pública da região. E que, exatamente por isso, seria temerário abrir detalhes da investigação com quem não se conhece. Ou seja, seria primordial manter sigilo completo.

No entanto, achando-se dono da situação e picado pela mosquinha azul da vaidade – que se alimenta fundamentalmente dos ingênuos de espírito –, eis que Sinhô Roliúde sente o momento propício para virar protagonista e abraçar o caso todo para ele. Ignora recomendações e faz os contatos que quer, com quem quer que seja. A autoridade local não gosta da atitude do policial convidado e se retrai. O retorno é rápido.

– O pessoal de São Paulo acaba de ligar. Vamos para lá agora prender os cidadãos suspeitos de infração e recuperar o dinheiro roubado de Passos – vibra Roliúde, já prevendo o sucesso de seu papel heroico e urgente, representado bem no improviso, sem tempo para ensaios ou planejamentos extenuantes que só prejudicam o feeling de seu faro inato.

– Isso, Sinhô. Vamos lá buscar esses vagabundos! – um colega de trabalho, designado para fazer dupla com o experiente policial, se empolga e solta o verbo.

– Nó!... Que isso, rapaz? Você sabe que não pode falar assim. Não empina a carroça! Já tenho tudo sob controle, e não perderemos a oportunidade de prender estes desgraçados, só. Fiz contato com a perícia e com certeza vai ter muita imprensa, aquela loucura – o velho e deslumbrado Roliúde repreende o colega mineiro e mal consegue disfarçar a ansiedade.

"O fato é que, em apenas três dias após o ousado roubo de 27 milhões de reais, um exaustivo trabalho de investigação integrada entre autoridades de Minas Gerais e São Paulo está prestes a desmantelar importante organização criminosa violenta, com atuação em vários Estados brasileiros e possivelmente também em países vizinhos". Esse é seu discurso, já na ponta da língua, para as redes de televisão assim que prender os tais "cidadãos suspeitos de infração".

A realidade, contudo, é a maior vilã de expectativas ilusórias. Ao chegar à delegacia paulista antes mesmo do horário previsto, Roliúde leva o primeiro baque:

– Bem-vindo, senhor. Você e seu amigo podem ficar aqui nessa sala reservada. Aceitam café? – cordial, um homem recebe a dupla.

– Perdão, mas onde está o responsável pelo roubo de Passos? Viemos de lá para participar das prisões.

– Sim, perfeitamente. Estou a par da situação, mas me pediram para acomodá-los aqui.

– Veja bem, não nos despencamos mais de 300 quilômetros para ficarmos acomodados. Estamos prontos para a ação – Roliúde imposta a voz e estufa o peito.

– Pois é, acontece que houve uma denúncia de vazamento da operação. A chefia, então, achou por bem antecipar a diligência.

Roliúde engole seco.

– Tudo certo, me passa então o endereço que iremos diretamente para o local.

– Nem que eu quisesse... só a equipe de campo sabe onde estão os bandidos. Tudo virou confidencial agora. Sinto muito.

Calado o tempo inteiro, o braço direito de Roliúde questiona-o com expressão de "o que faremos agora?" Encabulado, o policial mineiro apenas se vira para o homem que os recebeu tão bem:

– O meu é com adoçante, por favor.

– Desculpe, senhor, mas só temos amargo.

Boas horas depois sai a notícia da prisão de seis elementos em uma chácara. Com eles a polícia paulista apreende dinheiro, pistolas, fuzis e explosivos, além de outros itens, como máscaras de gás, capacetes e coletes antibalísticos. Dois pontos, no entanto, chamam a atenção de forma negativa: os suspeitos detidos podem até ter tido alguma participação no roubo de Passos, talvez como integrantes do terceiro ou quarto escalões da quadrilha, mas estão muito longe de serem os principais operadores do crime; e o valor apreendido com eles (menos de 200 mil reais) não chega nem a 1 por cento do numerário subtraído. Onde foi parar o resto?

De volta a Minas Gerais, cabisbaixo, Sinhô Roliúde sente o segundo baque e vê a investigação em que tanta energia investiu ser avocada pela Justiça Federal. Por fim, reconhece:

– Depois de tantos anos, não sei onde me meti.

– Fica o aprendizado. Mas sua experiência é importante para a construção do plano de contingência de Minas. Para que casos assim não se repitam no Estado. E, se ocorrerem, que todos saibam o que fazer – nós, do Alpha-Bravo Brasil (AB Brasil), tentamos convencê--lo a participar do evento que elaboraria, em junho de 2019, o primeiro plano oficial integrado de prevenção e repressão contra quadrilhas que utilizam o método do domínio de cidades para explodir e roubar instituições financeiras.

Autoridades locais declinaram do convite, mas obtivemos relevantes adesões de especialistas de Minas Gerais, Distrito Federal, Mato Grosso do Sul e São Paulo. A pequena cidade de Piumhí, localizada no centro-oeste mineiro e também atacada dias antes de Passos, sediou o encontro, muito em função dos esforços de um de seus promotores, homem de visão e aberto a mudanças, que se disse perplexo com a ação dos bandidos e colocou-se humildemente à disposição para entender e ajudar a frear esta complexa modalidade criminosa. Na fuga de Piumhí, por exemplo, os marginais fizeram vários moradores reféns, colocando-os na delicada posição de escudos humanos para evitar o revide da polícia.

Posturas como a deste promotor, que põe a mão na massa e se coloca dentro do jogo, são imprescindíveis para que o Ministério

Público tenha um discernimento global dos perigos que o combate a tais criminosos violentos envolve. Quando ele ajuda a elaborar um plano de defesa que prevê atiradores designados e cerco e bloqueio, sabe que poderão ocorrer mortes. E não vai empurrar na conta do policial a responsabilidade dolosa por neutralizar um bandido, caso os protocolos estabelecidos sejam corretamente seguidos.

O plano de contingência em Minas Gerais ainda está restrito a poucas cidades. Porém, sem dúvida, representa um ótimo começo.

MEMÓRIAS DO CÁRCERE

Vários Estados, 2018

Na sequência do assalto de Passos/MG, rumores sobre o iminente resgate de Maquinado aumentam, bem como a tensão das autoridades de segurança, devidamente alertadas pelo AB Brasil. Em maio ele deixa Anápolis/GO e vai para a penitenciária de Uberaba/MG, cidade em que realizou seu último roubo, antes de ser preso. No mês seguinte, finalmente é transferido para uma prisão de segurança máxima, em Francisco Sá, também em Minas Gerais. Contudo, não haveria clima para relaxamento.

Na esteira das ameaças de fuga de Maquinado, eis que o principal plano de resgate do maior de todos, Nareba, é descoberto em setembro de 2018. Outros planos menos promissores já haviam sido detectados anteriormente, até sem muito alarde. Normal, coisa do jogo. Mas este é capitaneado por Mosca Branca, sendo levado bastante a sério. Tanto que, eufóricas, autoridades policiais, judiciárias e políticas logo correm para disputar holofotes de boa parte da mídia espetaculosa, sedenta por detalhes do que seria a maior ação cinematográfica de todos os tempos, com o uso, inclusive, de dezenas de mercenários paramilitares de várias nacionalidades, além do emprego de helicópteros, aviões, explosivos, metralhadoras ponto 50, fuzis... enfim, logística e arsenal de guerra.

A segurança de toda a região de Presidente Venceslau ganha reforços do Batalhão de Choque, da Rota e do COE. O aeroporto local é fechado. A transferência dos líderes a presídios federais torna-se medida necessária para aliviar a pressão sobre o Estado de São Paulo. Contudo, burocratas no poder temem um novo maio de 2006, como possível represália dos bandidos, e postergam a decisão a limites de extremo perigo. A inoperância dos homens públicos pode redundar em uma tragédia mais do que anunciada. Afinal, o resgate está pago, como se sabe, e os criminosos não irão desistir.

– Mais uma vez a porta se fecha. Tá ficando difícil, mano – Charuto mostra-se desanimado com a transferência de Maquinado a Francisco Sá e o possível uso da rede de presídios federais para abrigar a cúpula da facção.

– Calma, irmão, precisamos ter firmeza. Eles não vão ter peito de transferir os chefes – Mosca Branca procura entusiasmar o colega.

– Você tem que desmobilizar os mercenários por ora. Custa caro manter esse pessoal por perto. Mas aí como vamos agir?

– Pensei numa alternativa. Veja o que acha...

No mesmo setembro, parceiros leais a Maquinado são libertados da penitenciária estadual de Piraquara, localizada na região metropolitana de Curitiba, capital paranaense. O mesmo de sempre: cerca de 30 homens atacam repentinamente o complexo prisional em uma até então tranquila madrugada. Explodem muros e atiram contra os poucos guardas carcerários nas torres. Policiais militares encarregados da segurança externa nada podem fazer ante disparos de fuzis e metralhadoras ponto 50. Em minutos 29 presos são evacuados. No caminho de fuga, um rastro desolador de vias interditadas por caminhões e automóveis em chamas.

Como retribuição à repentina liberdade, os fugitivos terão a honra de participar do resgate de Maquinado e, por fim, de Nareba. De forma rápida e contundente, os criminosos voltam a dar as cartas.

***

No âmbito pessoal, intimamente vinculado ao profissional, experimento o lado de lá. Novembro de 2018 grava em minha alma, como tatuagem, o estigma da reclusão, ainda mais quando a privação de liberdade envolve suspeições escabrosas. Atordoado, mas de certa forma seguro em prisão solitária, recebo visita intrigante de sujeito nunca visto antes.

– Como vai, Renato? Sinto muito conhecê-lo nesta condição. Mas há males que vêm para o bem – diz, sem se apresentar, um bigodudo de testa grande e gomalina desmanchando-se em suor nas laterais dos cabelos. Deve ter já seus 65 anos. E esforça-se em portunhol bem razoável.

– Quem é você? Como entrou aqui? – pergunto impaciente, entretanto curioso com fato novo em rotina maçante de cinco dias trancafiado.

– Isso não é importante no momento, mas gostaria muito que você aceitasse meu contato – estende um cartão preto com apenas um número telefônico. Não o pego. Ele o deixa em cima da mesa.

– O que você quer comigo? Levar minha alma também? Em troca de quê? – minha irritação aumenta. Ele parece gostar da reação.

– Você caiu numa teia difícil de se desvencilhar sozinho. Mosca Branca construiu uma rede criminal bastante extensa e influente. E já percebeu em você séria ameaça aos negócios da facção.

– Peraí, Mosca Branca é um alvo de conhecimento muito restrito. Como você...

– Perdão, meu caro. Mas o alvo aqui, pelo que vejo, é você. E, infelizmente, sua família também.

Levanto-me indignado:

– Não venha me ameaçar não, seja lá quem você for!

– Pelo contrário, estou aqui para ajudar você, sua esposa e filha. Em até 48 horas sairá desta jaula. Não somos feitos para isso, sei que você concorda comigo.

Permaneço calado enquanto pego o cartão. Ele prossegue:

– Eles atacarão novamente por esse meio jurídico-criminal, da próxima vez sem falhas. O plano é te desmoralizar, o que já estão conseguindo, e então jogá-lo de fato no sistema prisional, território onde mandam e desmandam, você sabe mais do que eu. Uma vez lá, cumprindo pena, você não durará nem uma semana.

– Tudo bem, todo esse processo está realmente muito estranho, mas não chega a tanto. Vamos reverter isso legalmente.

– Você não tem mesmo ideia de como eles estão entranhados no poder – Rossetti me olha com certa dose de dó.

– E qual é sua proposta?

– Me liga quando descobrir que não tem mais saída. Você ainda vai desfrutar de uma breve sobrevida no lado da legalidade. Depois te explicarei o grande futuro que está reservado a você. Depois. Agora preciso ir.

De fato ganho liberdade em dois dias. E tento tocar a vida, a família, o trabalho. Cumpro medidas cautelares impostas a todos na minha "condição". Rossetti, que conheceria bem depois, acerta ao dizer que atingiram primeiramente minha moral. O aviso foi dado, mas não sou homem de baixar a cabeça. Mesmo à distância, ainda tenho meus trunfos.

Enquanto atravesso meu calvário particular, mais um grande assalto acontece. A roda nunca para de girar...

CONSÓRCIO DO CRIME

Maranhão, Mato Grosso do Sul, 2018 e 2019

Na maioria das vezes, os grupos criminosos que se lançam a ataques violentos contra bancos ou empresas de transporte e guarda de valores agem de forma articulada, com cada um dos indivíduos emprestando habilidades específicas para o sucesso da empreitada. A bola da vez, em novembro de 2018, é mais uma central de guarda, distribuição e abastecimento do mesmo banco estatal (que novidade!), esta localizada na cidade de Bacabal, no Maranhão. Participam ladrões maranhenses, é claro, bem como do Ceará, Bahia, Tocantins, Goiás e São Paulo.

A tranquilidade de um domingo à noite é interrompida por estampidos de fuzis, veículos em chamas, inclusive viaturas das polícias militar e civil estacionadas no batalhão e na delegacia do município, e pelas terríveis explosões, que jogam pelos ares as mais robustas fortificações.

Acuado dentro do batalhão, sem saber o que fazer diante dos tiros de contenção de parte da quadrilha encarregada de impedir a saída dos policiais, um bravo oficial da PM entra em contato com o AB Brasil, no calor do confronto, e expõe a situação:

– Muito tiro, não temos como sair. Pelo barulho tem até ponto 50. Recebemos relatos de que Bacabal está ilhada. Interditaram pontes e principais acessos pela rodovia com ônibus e caminhões queimados. Tem carro ardendo aqui em frente ao batalhão também.

– Ok, mantenha a calma. Existe algum atirador designado entre vocês?

– Claro, fui treinado pelo Cosar! Talvez eu seja o mais qualificado no momento aqui na cidade – diz o oficial.

– Tudo bem. E por um acaso você consegue sair em segurança, sem se expor, pelos fundos ou pela lateral do batalhão?

– Pensei em acionar o helicóptero, mas acho que não é seguro.

– Exatamente, esqueça o helicóptero. Até porque a essa hora não tem como voar. É muito perigoso levantar voo nessas condições. Mas me responda: é possível ou não apenas um homem, no caso você, se posicionar em ponto estratégico para surpreendê-los?

– Acho que sim. Vou verificar melhor. Só um instante.

– Presta atenção, não é para dar uma de herói. Nenhuma vida vale o sacrifício contra esses malditos.

Minutos angustiantes se passam até o policial retomar o contato:

– Pelo som dos tiros, posso deduzir que estão a uns 100 metros, talvez um pouco mais, à direita do batalhão.

– Sabe quantos são?

– Não, mas posso pular o muro lateral nos fundos do nosso terreno, onde existem muitas árvores que não vão me deixar ser percebido. Então atravesso toda a chácara vizinha, também pelos fundos, e me posiciono por trás deles no terreno seguinte. É tudo murado, sem perigo. E a noite vai me proteger.

– Ok, combine então com seus homens para lhe darem apoio quando a troca de tiros começar. Basta derrubar um, vai por mim. Eles não são terroristas. Morrer não está nos planos deles. Quando o primeiro tombar, os demais debandam.

– Deixem comigo, AB. Só mais uma coisa: já ouvi falar bastante de vocês. Quero fazer parte do time quando isso tudo terminar.

– Um passo de cada vez, guerreiro. Vamos fazer assim: volte inteiro e depois conversamos sobre como funciona a admissão, copiado? Sertão!

– Sertão!

As explosões prosseguem, enquanto o destemido policial veste o colete e sua farda camuflada do Comando de Sobrevivência em Área Rural (Cosar). Vários companheiros entrincheirados se prontificam a acompanhá-lo na missão, mas ele segue as orientações do AB:

– Minha função é surpreender esses demônios. Terei mais chances de êxito sozinho. Mas, depois que der o primeiro disparo, posso me tornar um alvo fácil. É aí que vocês entram em ação para me salvar. Confio minha vida a vocês, meus amigos.

Com o fuzil jogado nas costas, preso em bandoleira, a pistola ponto 40 no coldre e muita munição extra, ele parte para o trajeto traçado já em mente. Cerca de 500 metros e dez minutos depois, encontra o ponto ideal, como imaginara. Visualiza quatro bandidos relaxados no meio da rua, zombando dos policiais entre uma rajada e outra:

– Aparece, poliça! Cadê a valentia? Vamo atrás das tua muié e dos remelento!

O oficial então avisa, quase em sussurro, ao AB e aos irmãos de batalhão:

– Os caras estão fardados, porra! Querem nos confundir. Mas garanto que esses quatro não são dos nossos. O show vai começar.

Prende a respiração, faz pontaria com seu fuzil parafal 762 e alveja em primeiro lugar o indivíduo que carrega a ponto 50. Este desmorona sem nem saber o que o atingiu. Aproveitando-se ainda do fator surpresa, acerta um segundo homem, que igualmente desaba. Atônitos, os dois bandidos que restam em pé atiram a esmo e tentam se abrigar. O apoio dos companheiros de batalhão vem a seguir com disparos em massa. O oficial acerta mais um criminoso. O último corre e leva um tiro de raspão nas nádegas. Soubemos depois quem era: um ladrão das antigas, que fora alvo da Operação Vandec, realizada pela Polícia Civil de Minas Gerais entre os anos de 2006 e 2009.

Muito ofegante, adrenalina a mil, o oficial comunica:

– Todo mundo bem? Um cabra fugiu... derrubamos três... acho. Muito escuro, os tiros cessaram. Vamos reagrupar.

Ao deixarem o batalhão, finalmente, os policiais militares veem Bacabal mergulhada no caos. Com a fuga consumada dos ladrões, que levam algo próximo de 100 milhões de reais e também alguns reféns como garantia (soltos depois ao longo do caminho), muitos moradores curiosos saem de suas casas, bares e comércio em geral. Oportunistas de plantão aproveitam para pegar pacotes de dinheiro que ficaram pelo chão. Até mesmo na agência em ruínas, cena do crime, alguns são presos tentando carregar o que mal conseguem, devido ao peso do prêmio inesperado. Somente do dinheiro largado para trás, quase quatro milhões são recuperados.

Contudo, essa história ainda daria muito pano para a manga. No dia seguinte descobre-se que o primeiro atirador a ser abatido pelo oficial da PM, conhecido pela alcunha de Ré, era irmão do chefe de uma facção da Bahia, formada na região de Irecê e Bom Jesus da Lapa. Esse irmão mais importante, o Beça, é foragido da Justiça desde 2014, quando recebeu o direito à prisão domiciliar para tratar de uma doença degenerativa que comprometia os movimentos de um de seus braços. Óbvio que sumiu do mapa e, desde então, é procurado pela polícia.

Porém, basta esta frágil ligação entre irmãos para a imprensa alardear que Beça ainda comanda a facção baiana, é o mentor intelectual do mega-assalto e, quem sabe, pode inclusive ter participado ativamente da ação em Bacabal. Trabalhos investigativos precisam sempre passar ao largo de imediatismos tentadores, mas vazios. A deficiência de Beça é real e, com o passar dos anos, a tendência é de piora. Ou seja, ele não rouba mais. Além disso, o grupo criminoso que, em tese, ainda possa liderar, mesmo à distância em refúgio desconhecido, tem sofrido baixas importantes devido a inúmeros confrontos abertos com a polícia.

A facção baiana do Beça também possui origem prisional, como a de São Paulo e do Rio de Janeiro. Portanto, jogar suas lideranças nas prisões apinhadas de gente dos seus próprios Estados só as fortalecerá. O fato é que o Estado da Bahia incorpora seu criminoso mais relevante no tabuleiro de captura de fugitivos prioritários nacionais. Beça jamais saiu do radar. Permanece marcado com um xis. Uma hora ele aparece, assim como seu irmão tombado.

Após o domínio da cidade de Bacabal, membros do AB aconselham alguns colegas das polícias civil e militar a não abandonarem o cerco na região. A Polícia Federal também é acionada e fornece apoio com o seu Grupo de Pronta Intervenção, comandado por um dos mais experientes policiais do país, o Roqueiro. A vigília permanece ininterruptamente.

Uma semana depois, já em início de dezembro de 2018, uma carreta em alta velocidade fura um bloqueio policial em rodovia na altura de Santa Luzia do Paruá/MA, distante apenas 250 quilômetros de Bacabal. Como o clima ainda está bastante tenso no Estado, várias viaturas iniciam a perseguição. Vendo que não há possibilidade de evasão com veículo tão pesado, o motorista desiste e freia.

De forma dura e enérgica, a autoridade policial ordena que os dois ocupantes da boleia desçam com as mãos para cima e abram o baú. As demais viaturas fecham a estrada e os agentes da lei protegem-se e miram toda a extensão do caminhão. Todavia, antes que o motorista chegue à traseira, a porta se escancara e indivíduos efetuam disparos de peito aberto em direção aos policiais. O revide é imediato e preciso. Gritos ecoam do fundo do baú escuro:

– Para de atirar! Chega, chega! A gente se entrega!

O saldo são três bandidos mortos e outros três feridos, escoltados diretamente ao hospital mais próximo. Outros cinco elementos se entregam de forma espontânea. O bando passou todos esses dias depois do assalto escondido em uma fazenda no meio do mato na vã ilusão de esperar a poeira baixar. Não foi o suficiente. Dentro da carreta são apreendidos 11 fuzis, duas metralhadoras ponto 50, duas pistolas, coletes balísticos e centenas de munições. E ainda a expressiva quantia de 45 milhões de reais embalados por malotes e sacos plásticos do banco de Bacabal.

Entre os três mortos neste segundo confronto, aparece um elo muito mais forte do que os irmãos baianos, só que bem mais difícil de comprovar. Aipim é identificado como soldado da facção paulista na comunidade de Paraisópolis, reduto de ninguém menos do que Mosca Branca.

A dificuldade dos setores integrados de inteligência sempre residiu na falta de provas cabais para ligar Mosca à ampla gama de atividades criminosas que empreende há décadas. Coordenar, sem nunca aparecer, assaltos espetaculares ao Banco Central de Fortaleza, em 2005, ou a bases de guarda e transporte de valores, a partir de 2015, são apenas algumas delas.

Dono ainda de rotas internacionais para o tráfico de drogas e armas, Mosca Branca tem em Paraisópolis seu quintal em São Paulo. Ninguém move uma palha lá sem o seu consentimento. E Aipim representava seu homem de confiança, tanto para assuntos internos de disciplina na favela quanto para ações mais arrojadas de assaltos violentos. E neste momento, como já se sabe, tudo converge para o plano de resgate de Nareba.

Por falar nisso, mesmo com todas as mortes, prisões e apreensões decorrentes do evento no Maranhão, simplesmente 50 milhões de reais (metade do produto do assalto) somem do mapa. Estranho, não?

***

Para passar uma pá de cal nessa história, em dezembro de 2019 (exato um ano após Bacabal) Beça é localizado e encurralado em uma chácara entre as cidades de Coronel Sapucaia e Aral Moreira/MS, região de fronteira com o Paraguai, onde se escondia junto a outros comparsas depois de tentarem assaltar um carro-forte nas proximidades, dois dias antes. Tudo bem, nos enganamos ao dizer que ele não roubaria mais por causa da mão torta. Vamos à ação.

Manhã de segunda-feira. Bombeiro pede carona em frente a um posto da polícia ambiental, próximo a Caarapó. O movimento da estrada é pequeno, mas logo um senhor atende ao pedido do militar e encosta sua caminhonete.

– Bom dia, vai pra onde? – pergunta o motorista.

– Bom dia, meu senhor. Para qualquer lugar no sentido de Campo Grande, se não for incômodo.

– Pode entrar, meu jovem. Estou indo pra lá. Hoje é seu dia de sorte!

– Puxa, obrigado!

– Muito inteligente de sua parte ficar fardado e em frente à polícia.

– Pois é, as pessoas se sentem mais seguras assim.

– Tento ajudar sempre que posso, mas a violência atrapalha. De qualquer forma a população tem muito respeito pelos bombeiros.

– Obrigado.

A viagem segue e os dois conversam sobre amenidades. Distraído, o senhor ao volante não repara movimentação suspeita uns cem metros adiante, com dois veículos aproximando-se perigosamente de um carro-forte.

– Melhor parar o carro agora! – diz o passageiro de repente, com o semblante fechado.

– Hein? Não vai me dizer que vai me assaltar? – assusta-se o senhor.

– Como assim? Claro que não – o bombeiro solta uma risada nervosa, ainda atento à cena que se desenrola à frente de ambos. A rodovia está deserta nos dois sentidos.

– O que foi então?

Nesse momento ouvem os primeiros disparos.

– Volta, volta, vamos avisar lá na polícia ambiental!

– Meu Deus, não percebi. Será que viram a gente?

– Acho que sim, mas o foco deles é outro. Por enquanto.

Tomado pelo pânico, o motorista trava.

– Não estou bem... pode dirigir pra mim? Muito nervoso – o senhor busca ar com muita dificuldade e se sente tonto.

– Claro, passa aqui por dentro mesmo. Eu vou sair e dar a volta, ok?

– Por favor, não me deixa morrer.

Imediatamente o bombeiro contorna o veículo pela frente e assume a direção. Ainda tem tempo de ver o carro-forte frear.

– Vamos sair logo daqui.

– Nem sei como te agradecer. Se eu estivesse sozinho, poderia ter tomado um tiro – reconhece o senhor hipertenso durante o caminho de volta.

– Tudo bem, só evita falar agora. Lá no posto a gente chama um socorro para o senhor, ok?

– Parece que hoje o dia de sorte é meu. Muito obrigado.

Enquanto os dois viajantes retornam para dar as más novas à polícia, os bandidos encurralam o carro-forte no meio da estrada. Os vigilantes, então, tomam uma decisão rápida e em conjunto. Percebem a oportunidade e seguem o treinamento. Os assaltantes estão ainda a certa distância e têm o pleno domínio da situação, deixando o veículo de forma calma, quase displicente, ao retirarem equipamentos e explosivos na mala. O motorista do carro-forte estendeu a fuga o quanto pôde, até chegarem bem perto de uma mata fechada às margens da rodovia.

– Todos prontos? Vamos no três, ok?

E assim os quatro saem ao mesmo tempo do veículo blindado e se embrenham na densa vegetação, em uma corrida desesperada por suas próprias vidas. Só que, ao baterem as portas de propósito, o carro-forte é trancado por fora. E isso faz parte das novas orientações das empresas de segurança. Apenas se não houver riscos, é claro. Mas como avaliar o nível de perigo em circunstância tão tensa?

Surpreendidos com a inusitada estratégia, os ladrões gritam e correm em direção aos fujões. Beça repreende um de seus comparsas que, indignado, manda bala para o mato, felizmente sem ferir ninguém.

– Pode parar, para de atirar! Morte só se for necessária. Quer piorar nossa situação? – Beça é um daqueles bandidos da velha guarda, autodidata em Direito Penal.

– Esses putos trancaram a porta, chefe!

– Vamos explodir por fora mesmo. Bota o material bem aqui, ó, nessa junção.

– Posso ir atrás deles.

– Esquece, sem tempo. A essa altura aquela caminhonete que deu meia volta já foi avisar à polícia.

– Os vermes a gente pode matar, né, chefe?

– Uma coisa de cada vez. Vamos abrir essa lata velha agora.

A primeira explosão causa pouco estrago à estrutura reforçada. Sem um direcionamento específico no acondicionamento da emulsão explosiva, a força da detonação se dispersa para todos os lados. Resultado bem diferente acontece quando o explosivo é detonado dentro do veículo, gerando uma brisância quase plena. Sob explosão confinada, a mistura do material inflamado, potencializada pelo aumento repentino da temperatura e da pressão interna, gera uma expansão súbita e devastadora de energia. Nestes casos, o carro-forte e o cofre desabrocham como uma medonha flor metálica retorcida, que exala enxofre.

O segundo estrondo do lado de fora revela-se um tiro n'água igualmente. Ciente de que o tempo é curto, Beça ordena a retirada. Revezes fazem parte do ofício marginal. A prioridade agora é retornar em segurança até o ponto de apoio, esperar a poeira baixar e planejar a próxima empreitada. Sente falta do seu irmão, Ré, morto em Bacabal há um ano. E não descarta a possibilidade de acabar com a raça de um certo oficial da Cosar, em vingança pessoal sem limites. "Já passou da hora de resolver essa pendenga", pensa.

Nosso grupo AB Brasil já sabia que Beça procurara refúgio naquela região fronteiriça. Em meados de 2017, municiados com detalhes importantes fornecidos por informante de dentro da quadrilha, criamos um subgrupo formado por forças policiais de Goiás, Mato Grosso, Mato Grosso do Sul, Bahia e até do Paraguai para localizá-lo na região entre Capitán Bado, no lado paraguaio, e Coronel Sapucaia, no brasileiro.

Qualquer assalto violento realizado nesta conturbada faixa de fronteira já despertava nossa atenção. Mas nada de concreto aparecia. Chegamos a desanimar um pouco quando o tal informante, na cadeia, teve conversas com integrante do AB flagradas por "colegas" de cela, por meio do celular, camuflado em parte anatômica que achava irrastreável.

Na manhã seguinte achou por bem tirar a própria vida, enforcando-se. Versão oficial. De qualquer forma, a fonte precária de informações sobre Beça secara. Mas dezembro de 2019 traria sequência insana de eventos nefastos para sua quadrilha, como estamos a visitar.

Com o arrombamento frustrado do carro-forte, eles ignoram os vigilantes escondidos no mato e batem em retirada. Acontece que, muito bem orientados pelo relato esclarecedor do bombeiro (o senhor, dono da caminhonete, é encaminhado ao hospital para controlar a pressão), os agentes da polícia ambiental acionam todas as equipes da fronteira. Começa a ser implementado o plano de contingência já ensinado pela equipe do Bope/MS: uma carreta atravessada na pista, diante do posto, é o primeiro bloqueio usado para impedir a fuga; já na entrada de Coronel Sapucaia um trator inviabiliza outra passagem relevante. Em alta velocidade, os bandidos avistam a carreta ao longe.

– Segura aí, peãozada – o exímio motorista executa improvável cavalo de pau e toma o sentido contrário.

– Chegou a hora de mostrar teu valor. Tu é pago pra isso – Beça incentiva o piloto.

– É, mas vamos precisar de um carro mais possante. Tipo esse aí que tá vindo.

– Ok, atravessa na pista que a gente resolve. Bora, cambada! – todos descem do veículo e apontam fuzis para o carro esportivo, que desacelera imediatamente.

– Sai, sai, sai!

– Tudo bem, não atira, por favor! Chave tá na ignição – em pânico, o condutor deita no chão e espera pelo pior, que não vem. Os criminosos invadem o novo veículo e somem dali. Aliviado, o motorista rendido só ouve o ronco do motor de quatro cilindradas e 350 cavalos se distanciar rapidamente.

– Agora sim, meu chefe! Quero ver esses verme chegar na gente agora – o piloto do bando gargalha.

– Calma que não acabou. Vamo por Aral Moreira, dando a volta por cima – diz Beça.

Em mais um entroncamento, trombam com viatura da polícia rodoviária estadual. Porém, não encontram dificuldades em deixar os agentes da lei na poeira. Escapam rumo ao esconderijo.

Como sempre, entretanto, as buscas não se encerram com fuga inicial fortuita, por mais espetacular que seja. A reação imediata da polícia, com cercos e bloqueios, quebra o plano de escape da quadrilha liderada por Beça. Ao improvisarem rota alternativa no decorrer da perseguição, acabam por deixar rastros afobados. Como os bandidos não conseguem acessar Coronel Sapucaia nem Aral Moreira, devidamente interditadas, as diligências policiais concentram-se na região rural entre as duas cidades – área muito extensa e de difícil monitoramento.

Contudo, é em cenários adversos que o acaso, ou a sorte, beneficia a quem cedo madruga e dá a cara a tapa todos os dias na utopia de prover o mínimo de ordem decente para que o convívio comunitário seja possível. E, por serem visivelmente tortas, essas linhas só nos fazem crer, cada vez mais, em conexões maiores, cósmicas que sejam.

Divagações à parte, o senhor da picape, que dera carona ao bombeiro salvador, ouve na noite posterior algo que se tornaria pista fundamental. Já recuperado do susto e após dar seu depoimento à polícia, vai com a esposa em um conhecido agito sertanejo. Como por milagre, para ele, presencia diálogo que o deixa mais uma vez em estado de quase desmaio. Temendo agravamento de seu delicado quadro clínico, a esposa o ampara:

– Que foi, homem? Parece que viu fantasma... vamos voltar ao hospital?

– Você não ouviu?

– Ouvir o que nessa balbúrdia?

– Preciso voltar, mas não ao hospital. E sim à delegacia.

Homem bêbado como um gambá, muito possivelmente integrante do grupo que aterrorizou os vigilantes, solta informações que passam despercebidas por quem o cerca. Mas jamais por uma testemunha de crime violento. Em voz pastosa e inconveniente, afirma ser profissional e que não interessa que Beça (diz, com todas as letras) e os outros idiotas contratados não consigam explodir um simples cofre.

Para melhorar, ainda se vira para uma mulher sozinha na corrutela e a convida para ir com ele a uma chácara ali perto, "só a 18 quilômetros da linha de fronteira com Aral Moreira". "Você vai ser rainha ali, meu benzinho", vomita o bafo de cana. Esperta, a moça dá uma de leoa da montanha e tira da cartola providencial "saída pela esquerda".

De todo modo, o estrago já está feito para a quadrilha. Na mesma noite, equipe do Bope mapeia chácaras no raio aproximado descrito, tendo como base informações inconsistentes. A verdade é que ninguém bota fé na missão. Beça esteve no radar algumas vezes, mas não assim, de uma hora para outra. E sempre escorregou no final das contas. Os alvos vão mudando, e um cara com a expertise dele acaba sendo deixado para trás. Mas não pelo Alpha-Bravo. Uma vez com o xis marcado nas costas, com o xis ficará até ser preso. Em presídio ou embaixo da terra. A escolha é do bandido.

– Temos um palpite.

– Tá ótimo. Pediu o mandado?

– Mas a essa hora? A gente nem sabe se a propriedade é essa mesma.

– Pede o mandado.

– Precisa acordar promotor e juiz agora?

– Já acordamos eles. Está tudo arranjado. Só falta você pedir o papel formalmente.

Às cinco horas da manhã, comboio de dez viaturas de diferentes forças policiais adentra labirinto de ruas de terra vicinais, guiado por coordenada geográfica que crava ponto impreciso no mapa. Difícil dar certo, convenhamos. Ninguém se entende, nem se comunica adequadamente por canais oficiais deficientes. Equipe do Bope mantém a retaguarda. A ideia é todas entrarem de uma vez, para causar impacto e dominar o terreno.

Porém, falha na comunicação faz com que as oito primeiras viaturas passem batidas pelo alvo. Reconhecendo o local, o Bope pende à direita, invade porteira correta e seus dois veículos já recebem disparos ofensivos. Tudo o que as bravas e treinadas equipes precisam para animar o dia.

De imediato, dois indivíduos são vistos deixando a casa em direção a uma área de mata próxima. E continuam a efetuar disparos. Os homens do Bope, então, desembarcam, entram em formação e avançam respondendo à injusta agressão. Outros dois bandidos saem da toca rumo ao mato, um deles com características bem similares às do Beça. A troca de tiros é intensa, mas não demora a cessar.

Apenas com olhares e sinais, os policiais especializados combinam de adentrar a zona de vegetação, cuidadosamente. Após tanto barulho, o silêncio ainda pode representar perigo de alguma forma. Beça é o primeiro a ser encontrado e identificado. Baleado, mais pra lá do que pra cá, pulso fraco. Poucos metros adiante, um segundo suspeito aparentemente já está morto.

Com a chegada das outras equipes, o Bope apreende munições, coletes e fuzis espalhados pelo caminho e leva os abatidos ao hospital, onde dão entrada sem vida. O terceiro também tomba no mato ao enfrentar sozinho o Garras, da Polícia Civil. As buscas continuam até o final da vegetação fechada, do lado oposto à entrada da chácara. Neste local os policiais encontram um casebre de madeira.

– Polícia! Quem tiver aí sai com as mãos pra cima! – ordena um membro do Departamento de Operações de Fronteira (DOF).

– Sô lá homem de receber ordem de verme? Vá todo mundo pro inferno!

Achando-se protegido pela madeira sem lei cupinzenta, o quarto marginal dispara contra os agentes com tudo o que tem. Igualmente cai morto. No interior da pequena construção corroída e perfurada de bala, mais armamento é apreendido: duas espingardas calibre 12 e uma pistola 9mm.

– Atenção, equipes, falta um. Repito, ainda falta um fugitivo.

– Copiado, mantendo as buscas.

É antes do meio-dia e o céu escurece repentinamente. Chuva torrencial desaba sobre a região. Helicóptero do Grupo Aéreo, que ajuda na procura mantendo distância prudente, pousa atrás da primeira casa, na entrada principal da chácara, camuflado por algumas árvores. A maior parte das equipes está embrenhada na mata e não percebe o quinto elemento, um jovem baiano de ficha bem corrida, tropegar em campo aberto na direção justamente desta casa. Ele também não repara que se encaminha de encontro aos policiais.

Ao receber voz de prisão, vulnerável em uma clareira, empunha um fuzil portátil adaptado para calibre ponto 50 e atira contra os policiais dentro da aeronave em solo. Encurralados pelo armamento de guerra, os militares do grupo aéreo conseguem contatar as demais equipes. O desfecho é a quinta morte do dia. Beça e companhia assinam sua última sentença em Mato Grosso do Sul.

***

De toda essa cadeia de eventos, importa mencionar o quanto ações integradas e formatadas em um plano de contingência adquirem status fundamental no enfrentamento a crimes violentos no Brasil. Tudo se soma. A corajosa e consciente atitude dos vigilantes do carro-forte; os cercos e bloqueios imediatos da polícia para quebrar a rota de fuga dos bandidos; a persistência investigativa nos dias posteriores; os canais de comunicação abertos com testemunhas e informantes; a diligência final coordenada de forças policiais distintas apenas nas divisões regimentais, mas idênticas no propósito de assegurar o cumprimento da lei. Um exemplo de operação.

Curiosidade: o oficial do Bope que alvejou mortalmente Beça, o bandido mais procurado da Bahia até então, também integra o AB. Trata-se do mesmo policial especialista que fora convidado por promotor de Minas Gerais a ministrar curso para a elaboração do plano de contingência de Passos e Piumhí meses antes, em junho de 2019, lembra?

Pois é, o Alpha-Bravo Brasil segue fazendo escola.

PRÓXIMO DA FILA

*Minas Gerais, Mato Grosso do Sul,
São Paulo, Bahia, anos 1990 a 2018*

Voltando ao assunto Maquinado... madrugada fria qualquer em novembro de 2018. O café forte traz dupla e óbvia função para o guarda penitenciário em vigília no alto da torre do estabelecimento prisional na cidade de Francisco Sá/MG: aquecer o corpo e manter a mente ativa perante pasmaceira hipnotizante à sua frente. Poucos bichos notívagos emitem sons guturais e esporádicos na calmaria escura.

Até que zumbido não identificado chama sua atenção. Barulho constante e cada vez mais próximo está longe de ser algo biológico em sua avaliação. Procura o som misterioso mirando seu potente spot de luz na treva difícil de sondar. E então vislumbra, por segundos, vulto que logo se esvai, em manobra digna de óvni nunca confirmado.

No dia seguinte, seu relatório citando provável sobrevoo de drone soma-se a outras evidências preocupantes que vão tomando corpo, como afluência incomum de veículos com placas de São Paulo nos arredores da cidade mineira, além de sinalizações manufaturadas dispostas em pontos estratégicos de vias rurais, circundantes à penitenciária, indicando escapes para a principal rodovia. Buscas de surpresa nas celas encontram pequenas serras de mão e, a cereja do bolo, um croqui muito bem desenhado com a disposição de todos os alojamentos, guaritas, pontos de acesso e rotas de fuga, já devidamente sinalizadas nas ruas de terra vicinais.

Reforço policial imediato é ativado. Poucos dias depois, já em dezembro de 2018, Maquinado vai para a tranca da penitenciária federal de Campo Grande/MS, a mesma em que está um importante comparsa seu: o Piloto. Isso mesmo, o baby boy voador, implicado nas mortes de 88 e Anta. Finalmente!

A notícia cai como uma bomba no QG da facção:

– Parece que eles estão sempre um passo à frente. Ficando cansado dessa história. Nareba é parceiro do peito, mas não posso levar um prejuízo atrás do outro – reclama Charuto.

– É, esquece o Maquinado. Mas ainda temos o Colorido. O cara é tão casca grossa quanto. Sabe por onde ele anda? – pergunta Mosca Branca.

– Maquinado que tem o contato, mas acho que consigo chegar nele.

– Ótimo.

Na década de 1990, a facção paulista começava a engatinhar, Nareba dava os primeiros passos no mundo do crime, ao lado de Charuto, e Colorido já era referência em assaltos a bancos. Para se ter uma ideia, em agosto de 1994 estava preso há apenas 15 dias na penitenciária do Carandiru quando foi internado em Piracicaba/SP com suspeita de leptospirose e hepatite. Na madrugada, dois comparsas disfarçados de médicos renderam o vigilante e os policiais militares que faziam a escolta de Colorido. Outros seis bandidos invadiram o hospital armados de fuzis e metralhadoras e o regataram sem mais resistências.

Em 2005 passa por nova detenção ao ser flagrado em uma empresa de transportes de fachada, com sede em Salvador/BA, da qual era sócio com seu irmão, Desbotado. A empresa servia para lavar dinheiro do lucrativo negócio de roubos a mão armada. Na sua residência foi encontrado armamento de respeito, como fuzil, metralhadora ponto 50 e pistola, além de celulares, aparelhos de rádio, algemas, dinheiro e joias. Enviado a São Paulo, dividiu cela com Nareba e companhia na penitenciária de Presidente Venceslau. De lá ajudou a comandar os ataques de maio de 2006, que racharam o Estado paulista.

Novamente foragido, agora desde 2008, embrenhou-se por várias ações criminosas pelo país, sendo então muito bem aproveitado como membro do primeiro escalão nos assaltos a empresas de guarda e transporte de valores a partir de 2015, junto a Maquinado. Discreto e liso como um pau de sebo, vive trocando de nome, celular e moradia, o que dificulta muito sua localização. Este é Colorido, um cara diferenciado, que vê o valor de seu passe subir mais uma vez no mercado da bandidagem com a lembrança de seu nome para substituir o amigo Maquinado e tocar o plano de fuga do chefão Nareba.

ALUCINAÇÕES DO PASSADO

Machu Picchu, Peru, 2034

Na sala reservada de Piauí (na verdade, uma grande Gaiola de Faraday), em 2050, Raysha se surpreende por não se recordar do último café da manhã com o pai, naquele distante janeiro de 2020.

– É, nossas mentes pregam peças na gente mesmo. Principalmente quando passamos por eventos traumáticos – diz Piauí.

Ela se pergunta onde estava nessa época do grande roubo à Suíça, em 2036. Estados Unidos ou Japão? Já era uma balzaquiana de respeito aos 31 anos. Com a ajuda de Radesh, conseguira desenrolar problemas complexos na estruturação das redes neurais telepáticas. Porém, seu projeto ainda era visto pela comunidade acadêmica internacional como utópico, irrealizável ou mesmo como "coisa de ficção científica para nerds".

Sofre com o afastamento de Radesh, ocorrido dois anos antes, em 2034. Sim, foi quando percebeu nele um caráter arrogante (que ele se esforçava muito para esconder dela) e também uma ambição desmedida. Ela queria um desenvolvimento *open source* da nova tecnologia, que permitiria livre acesso a todos, em uma comunicação cérebro-cérebro holística, interplanetária, sem barreiras. Já Radesh vislumbrava inúmeras aplicações comerciais para a descoberta e não hesitaria em passar por cima dos sonhos de Raysha.

Sob o pretexto de fazerem um "retiro espiritual" em Machu Picchu, no Peru, em 2034, Radesh convence Raysha a tirar breves férias e ir com ele. No início, tudo indica que será uma bela viagem romântica. Desfrutam da excelente culinária local. Destaque para o Rocoto Relleno, preparado com pimentão vermelho assado e recheado com carne, ovo cozido, amendoim e a insubstituível pimenta Ají Amarillo. Tudo regado a muita Cusqueña, a melhor cerveja das Américas, produzida em Cusco. Lembram-se de quando se conheceram, em Jacarta, 2026. Pouco dinheiro e muitos sonhos! E riem, mais unidos do que nunca.

Mas, na verdade, Radesh quer Raysha ao seu lado no Peru apenas para disfarçá-lo em seu intento. Possui planos bem mundanos para as redes neurais telepáticas, sem ela saber, é claro. Já tem tudo esquematizado para realizar experiências com cobaias humanas, por meio da administração de drogas sintéticas à base de Ayahuasca aliada à introdução de recursos de realidades aumentada e virtual, por meio da imersão profunda em jogos ultrarrealistas. Seu projeto maior é revolucionar o bilionário mercado de games mundial.

Isso representa o completo desvirtuamento da ideia original de Raysha. Inclusive já discutiram à exaustão a possibilidade de utilizar substâncias alucinógenas para destravar portas da percepção e, assim, facilitar o fluxo da comunicação telepática, mas Raysha sempre foi radicalmente contra. "Isso nunca passaria pela comunidade científica". Radesh, então, pretende se apropriar dos avanços já obtidos nos estudos e testes de Raysha para fazer fortuna.

Ela só desconfia da traição ao vê-lo transacionar algo suspeito com um homem desconhecido. Ela vê os dois na zona sagrada da cidade, perto da imponente pedra Intihuatana, que pode ser traduzida como "onde se amarra o sol". Na verdade, Radesh combina de receber no dia seguinte uma carga enorme de comprimidos que sintetizam a Dimetiltriptamina (DMT), principal ingrediente psicoativo da Ayahuasca, bebida tradicional extraída de plantas da região amazônica. Raysha pergunta do que se tratou a conversa com aquela pessoa estranha, mas ele dissimula.

Apesar de ter seu uso religioso legitimado em todo o continente sul-americano, a Ayahuasca não pode ser explorada comercialmente. É crime. Ainda mais na forma sintetizada e na quantidade negociada por Radesh. Para pagar o carregamento, Radesh usa seus conhecimentos de ciberativista para invadir e roubar um banco de dados do governo boliviano, condição imposta pelo homem enigmático.

É a primeira vez que o indiano invade um sistema motivado por questões monetárias (no caso, pagar pelo carregamento da droga). Como forma de se sentir menos culpado, não quer nem saber o conteúdo dos dados. Apenas o entrega a um sorridente negociante. Moleza. À noite, Raysha pressiona Radesh. Ele continua a se esquivar. Ela percebe que ele está para fazer besteira. Ambos discutem feio.

Na manhã seguinte, Radesh deixa o quarto sozinho e vai para o lugar marcado para receber e despachar o carregamento, no povoado de Águas Calientes, aos pés da subida a Machu Picchu. E cai numa armadilha montada pelo ilustre desconhecido, que não aparece, mas envia a polícia para prendê-lo. Algum palpite de quem seja o traíra? Enfim, Estevez, o tal homem, fica com os dados governamentais roubados e também com o carregamento.

Dias após a prisão, demonstrando surpresa, ele visita Radesh no Centro Penitenciário Qqenccoro, em Cusco. Promete ajudá-lo e sugere que a namorada o tenha denunciado. Nessa época, Estevez não sabia que Raysha era filha de Renato. Envenena a mente do frágil e instável indiano apenas para não ser descoberto. E sair por cima. Depois, ainda o incrimina por roubar informações secretas, então em posse do governo boliviano, de combate à Liga dos Comandos Transnacionais. Sem saber, Radesh tem seu primeiro contato com o grupo criminoso que se originou em presídios brasileiros.

Raysha tenta falar com Radesh ainda na prisão de Cusco, mas ele está cego de ódio.

– Não precisava me delatar. Bastava deixar eu seguir meu caminho. Sabe o que vão fazer agora? Me manter nessa jaula imunda. Tudo por sua culpa. Jamais vou te perdoar.

Ela tenta se defender, dizendo que não tem nada a ver com isso, mas não adianta:

– O que você queria fazer com toda essa droga? Usar na nossa pesquisa? Ficou maluco, já discutimos isso milhões de vezes. Não vou usar nenhum tipo de droga pra expandir a mente de ninguém, assunto encerrado. Olha onde você está agora, meu amor...

– Você sempre pensou pequeno, não faz ideia do tesouro que temos nas mãos. O DMT é um neurotransmissor também encontrado no nosso corpo, você tá cansada de saber disso. E existem vários relatos de pessoas que usam a Ayahuasca e dizem ter uma percepção do pensamento como uma cognição coletiva, que seus pensamentos não são individuais, mas conectados em uma espécie de rede universal de mentes. Isso é telepatia, cacete! Mas você sempre certinha nunca vai chegar a lugar algum. Nunca vai sequer lamber as botas de Freud com sua inseparável cocaína. Você nunca vai se comunicar com o seu maldito pai, jamais! – em momento de ira, Radesh explode e usa palavras cortantes para atacar Raysha. E consegue.

Esta é a última vez que o casal se vê. Ao término da conversa, uma melodia instrumental do início do século ecoa como uma trilha sonora dramática de fundo: The Scientist. Talvez vinda de alguma visita íntima, ou de algum guarda penitenciário com dor de cotovelo, vai saber. Raysha deixa o Peru decepcionada, humilhada, traída. Assim também se sente Radesh em relação a ela. Ambos cercados de rancores. E a promissora parceria se encerra.

Com a nova acusação de ciberespionagem, Radesh é transferido para julgamento em La Paz, na Bolívia. Em contato com integrantes brasileiros da Liga dos Comandos Transnacionais, que dominam a prisão, tem que escolher de que lado quer estar, como todo preso novato.

Lideranças do grupo criminoso na Bolívia veem potencial nos conhecimentos do rapaz. Ele é batizado, antes de ser condenado e transferido novamente, desta vez a um tipo de presídio modelo para hackers como ele, em uma ilha inóspita, sem grades, mas também sem nenhum tipo de acesso a tecnologias digitais, nem mesmo luz elétrica.

Na dura labuta da vida básica, escreve cartas nunca entregues à amada. Quase chega a se arrepender ao lembrar-se da música do Coldplay, que tocava no último encontro de ambos. Quanta vontade de "voltar ao começo"... apenas duas "mentes numa ciência ilógica", pensando em "números e figuras" para desfazer enigmas.

Mas não teve tempo para aprofundar esse exame de consciência. Meses depois, seus novos parceiros da Liga descobrem seu paradeiro e o salvam de mofar naquele lugar paradisíaco e isolado. O experiente Piloto, o baby boy brasileiro (lembra dele?), baixa de helicóptero, com equipe de assalto, e o resgatam. E assim Radesh se vê enredado na teia da facção, com uma dívida monetária e também moral impagável. "Nobody said it was easy[19]..."

O fato é que, em 2036, teria papel preponderante no domínio da Suíça. Em suma, Radesh larga o inocente ativismo digital para se tornar o mais perigoso cibercriminoso do mundo.

E Raysha jamais saiu de sua cabeça. Persegui-la virou sua obsessão. Completamente transtornado, pensa em cooptá-la ou mesmo aprisioná-la para avançar com as redes neurais telepáticas e dominar o pensamento de todos, por meio de seus games ultramodernos e perigosamente invasivos. Definitivamente, a loucura subiu-lhe à cabeça.

---

19. *Em tradução livre: "Ninguém disse que era fácil..."*

BONDE DOS 22:
ENRASCADA FEDERAL

*São Paulo, Rondônia, Distrito Federal,
fevereiro e março de 2019*

Miguel Rossetti, o agente da CIA entusiasmado com os movimentos da criminalidade brasileira, pode até parecer e ser um escroque e possuir interesses no mínimo nebulosos em favor dos EUA – principalmente se sobrar uma casquinha para si próprio. Por isso mesmo não é bobo, o que nada tem a ver com ética.

Confuso, não é? Tudo bem, vamos refazer o parágrafo.

Quando Rossetti disse, em um cafofo na Bolívia, ao seu parceiro Estevez que a esquerda houvera caído no Brasil, com mais um impeachment, é porque intuía que onda oposta varreria o principal país sul-americano nas próximas eleições, caso a ordem constitucional e, em última análise, a democracia se mantivessem em pé. Sempre foi certeiro em leituras geopolíticas. E previu, no cenário tupiniquim, janela perfeita para apresentar seus "serviços de inteligência e contrainteligência internacionais".

Com o estouro do Paraguai em abril de 2017, não teve dificuldades em chegar ao meu nome como um dos técnicos no combate a esse tipo de assaltos violentos. Minha posição vulnerável, já àquela época, só o ajudou no trabalho de convencimento.

Puxando por cenas de fatídica clausura de uma semana, em novembro de 2018, lembro que, logo após sua visita, memorizei o número de telefone do cartão negro e o descartei no vaso sanitário, depois de transformá-lo em pasta picotada e mastigada. Eu sei, os limites são tênues. Sempre. Em conversas cifradas posteriores, fomos estreitando, atando e ajustando laços. Meu patamar mudaria irreversivelmente a partir daquele ponto. E não teria volta. Jamais.

A transferência simultânea de 22 supostas lideranças da facção paulista de Presidente Venceslau para presídios federais, realizada em fevereiro de 2019, pega muita gente de surpresa, inclusive Nareba. Sem entrar no mérito de infindáveis e ríspidas discussões político-partidárias, o fato é que o enfrentamento a crimes violentos no país ganha novo ânimo, exatamente como previsto por Rossetti.

No caso específico do Bonde dos 22 (como ficou conhecido o grupo transferido), pode-se até contestar os critérios de escolha dos tais líderes que foram removidos para o sistema federal. Na opinião de importantes especialistas que acompanham de perto a dinâmica da facção, nem todos os transferidos carregam a chancela de periculosidade requerida para tal ato isolacionista. No máximo algumas rusgas pontuais com autoridades específicas.

No entanto, outra corrente defende sim o enquadramento de um ou outro indivíduo "meia boca", considerado laço fraco, para exatamente fazê-lo sentir a pressão da tranca federal e, quem sabe, impulsioná-lo a "abrir o bico" de forma espontânea. Há quem diga que esta estratégia tem até conseguido colher seus primeiros frutos investigativos.

Avisado por seus informantes sobre a iminente transferência apenas na véspera, Nareba já sente saudades de Presidente Venceslau. Preso pela primeira vez poucos dias depois de completar 18 anos, em 1986, hoje ele acumula cerca de 330 anos de condenações na justiça. Na conturbada vida da clausura, conta três fugas (e recapturas), outras três tentativas, passagens por 19 presídios e a incrível marca de mais de 1.400 dias de isolamento, fruto da penalização do Regime Disciplinar Diferenciado (nove vezes no total).

Ciente de que irá para sua décima temporada na solitária, só que agora em penitenciária federal, parte para uma ação extrema, que lhe causará problemas nada vangloriantes de saúde. Desmonta o aparelho celular, descarta a carcaça e retém o chip e a bateria nas mãos. Informações preciosas de seus negócios não podem ser perdidas ou, pior, encontradas pelos guardas. O chip desce facilmente pela garganta, como um comprimido mais robusto. Já a bateria... não se soube seu destino ao certo.

As temidas represálias das ruas não acontecem. E o alegado chefe da maior facção criminosa do país deixa São Paulo pela porta dos fundos, com o rabo entre as pernas, sem saber o que será de seu comando. Muito menos de sua retaguarda exposta rumo a Porto Velho. Porém, passa só um mês na capital de Rondônia. Essa falta de planejamento é que irrita. Depois de toda a logística de transferência, complicada e custosa, as autoridades percebem que somente 160 quilômetros separam Porto Velho da fronteira com a Bolívia, no extremo norte do país vizinho. E logo com a Bolívia, onde Charuto é rei?

Então, nova transferência, cara e cercada de aparato de segurança, ocorre em março de 2019. Brasília/DF é o mais recente destino de Nareba, onde já estão desde fevereiro seu irmão, Narebinha, e outros três líderes. Isso mesmo, a capital brasileira abriga, a 17 quilômetros da Praça dos Três Poderes (localidade em que se concentram o Congresso Nacional, o Supremo Tribunal Federal e o Palácio do Planalto, sem falar nas várias representações diplomáticas estrangeiras espalhadas em volta do Lago Paranoá), a alta cúpula da mais hegemônica facção criminosa do país – a despeito dos chiliques midiáticos do governador do Distrito Federal, que reclama, não sem certa razão, do perigo que esta proximidade representa em termos de segurança nacional.

SEGURANÇA MÁXIMA FORTALECIDA

Distrito Federal, 2019 e 2020

Brasília amanhece diferente em uma quarta-feira, em julho de 2019. Movimento intenso de forças de segurança desperta a curiosidade da população no centro da capital do país.

Em solo, equipes do Comando de Operações Táticas (COT) da Polícia Federal, da Polícia Rodoviária Federal e da Força Nacional de Segurança Pública cercam o perímetro do Hospital de Base, referência em unidade pública de saúde. No ar, helicóptero transporta paciente incomum para realizar consulta e exames de urgência.

Procedimentos médicos de rotina sempre são feitos nas próprias instalações da penitenciária federal, por motivos óbvios. Apenas em casos mais complexos um detento é autorizado a deixar a prisão. E é exatamente esta a indicação para Nareba, que enfrenta preocupante quadro clínico, com náuseas, dores estomacais, convulsões e irritações na pele.

Dezenas de elementos tóxicos expelidos da bateria de íons de lítio, que soubemos depois estar em seu corpo, começam a cobrar a conta de sua sandice. Além disso, uma ponta de metal sobressalente do chip engolido completou o estrago, rasgando áreas do esôfago e intestino.

Alheios ao genuíno sofrimento do condenado, curiosos de plantão registram pelos smartphones toda e qualquer acrobacia do circo armado, mesmo sem saber do que se trata exatamente. Selfies eternizam o melhor espetáculo "de todos os tempos da última semana". O picadeiro permanece de pé até a volta de Nareba (o homem-bala) ao presídio federal.

Vulnerabilidades assim representam momentos de alta tensão para os responsáveis pela escolta do líder de facção com plano de fuga ainda ativo. Com o fim da atração, a intrépida trupe popular logo se dispersa.

***

Mais nova das cinco penitenciárias federais existentes, a unidade de segurança máxima, em Brasília, foi inaugurada em outubro de 2018 e tem capacidade para comportar 208 detentos em celas individuais, com seis metros quadrados cada uma. Apesar do projeto recente, no entanto, também apresenta suas fragilidades.

Em novembro de 2019, preocupados com os insistentes rumores sobre o iminente resgate de Nareba, organizamos uma caravana rumo ao complexo prisional, integrada por agentes policiais e colegas do Bope/DF e da Secretaria de Operações Integradas (Seopi), do Ministério da Justiça e Segurança Pública. Em pauta, troca de experiências e sugestões de melhorias. Tudo em tom amistoso, profissional e colaborativo. Ou quase.

Inspiradas no modelo das supermax norte-americanas, sem muros, as prisões federais brasileiras têm vista livre tanto de dentro como de fora. A diferença é que as americanas estão isoladas, salvo raras exceções, em desertos. Mas a de Brasília, como já dito, fica a meros 17 quilômetros do centro do poder constituído.

Compartilhamos dados de inteligência com a cúpula do Departamento Penitenciário Nacional (Depen), de forma a mostrar a capacidade integrativa de grupos criminosos que operam o chamado domínio de cidades para perpetrar assaltos milionários a empresas de transporte e guarda de valores e, mais recentemente, a aeroportos.

– O plano frustrado de resgate em Venceslau pode e vai ser adaptado para Brasília.

– Mas somos uma penitenciária federal de segurança máxima. Temos monitoramento 24 horas por dia em tempo real, além de sensores de movimento e alarmes. Nunca houve um caso sequer de fuga.

– Pois é, a ideia é que continue assim. Mas o lado da criminalidade também evolui. Poderíamos fazer alguns ajustes só por precaução.

– Quais seriam?

– Esse descampado ao redor, por exemplo. O terreno é plano, bastante trafegável. Em um suposto ataque, eles podem vir de qualquer lado.

– Ok, estou ouvindo.

– A ideia é cavar um fosso em volta de toda a edificação. Largo e fundo o suficiente para evitar que avancem com veículos por terra.

– Podemos encher de água e jogar uns crocodilos lá dentro – ironiza um assessor candidato a palhaço.

– Se não tiver contribuição séria, fique calado – o chefe repreende o aspone. – Por favor, agente, continue.

– Obrigado, senhor. O fosso, então, preenchido com concertinas em vez de água, levaria a um único caminho. Essa entrada seria fortemente protegida por ilhas com armamento de alto calibre, inclusive metralhadoras ponto 50, as mesmas que esses bandidos tanto gostam de usar contra nossos policiais nas ruas. Daí a importância de usarmos as Forças Armadas para guarnecer o perímetro. A situação extrapola atribuições da segurança pública. Estamos diante de uma questão de segurança nacional.

– E se vierem em aeronaves? Você parece muito preocupado só com uma hipotética invasão por terra – pergunta o aspone, tentando recuperar a credibilidade perdida.

– Bem, parece que você não sabe, mas a proteção do espaço aéreo nesta área é bem rígida. Seria burrice deles tentar uma abordagem direta assim. Creio que o diretor possa explicar melhor esse ponto.

– Sim, de fato. Perdoe meu assessor. Está há pouco tempo conosco. Nossos protocolos anti-invasão do espaço aéreo seguem à risca recomendações da Força Aérea Brasileira. Se necessário, caças chegam aqui em poucos minutos. Temos também drones remotamente pilotados para monitorar qualquer movimentação suspeita.

O aspone se cala de vez.

– O cenário mais provável é que tentem invadir por terra, nos moldes já conhecidos, e acessem algum ponto de apoio em local mais afastado para, aí sim, utilizarem alguma aeronave com autonomia para cruzar a fronteira. Por isso, a melhor prevenção é não deixá-los entrar.

– Taí, gostei! Levarei nossa conversa adiante para vermos a viabilidade de tudo isso. Muito obrigado a vocês pela visita.

Um passo de cada vez. Decidimos não abordar na mesma reunião nosso temor, encarado por alguns como alarmista, de que os criminosos levem o caos a Brasília. Algo como atacarem um cartão-postal aleatório, tipo a Catedral ou a Ponte JK, explodirem o Congresso Nacional, roubarem o Banco Central e, de quebra, libertarem Nareba. Tudo simultaneamente. Acha que isso é pura ficção? Até virar realidade...

Não se passa nem um mês do encontro e um drone de origem indefinida é flagrado e neutralizado ao sobrevoar os arredores do presídio. O Natal de 2019 se aproxima com tanques blindados do Exército a vigiar e guardar a penitenciária federal, em Brasília. Tanto o Depen quanto o Ministério da Justiça e Segurança Pública negam a existência de um plano de fuga, mas exibem poder com o "desfile" cívico-militar fora de temporada. E anunciam "obras de fortificação das estruturas da penitenciária", incluídos o fosso e as ilhas de ponto 50.

Estamos com moral elevado. Hora de surfar a onda e aproveitar o embalo.

***

Nareba prefere ignorar o agravamento dos sintomas que o acometem sem trégua. Em sua rotina espartana de 22 horas trancado e somente duas solares, já emagreceu 15 quilos. A comida, sem sal nem variedade, não o apetece. Suporta qualquer provação dessa morte em vida, mas apartá-lo do toque familiar com a barreira fria e inaudível do parlatório é demais para ele.

Ganha mais um passe ao mundo exterior em janeiro de 2020. Do alto do helicóptero, rumo ao mesmo Hospital de Base, vê Brasília abaixo e viaja na possibilidade de o condutor da aeronave e os policiais que o escoltam estarem arranjados. Esse sim é o plano de fuga perfeito. Sem mais nem menos, desviam a rota e voam sorridentes rumo à liberdade! Simples assim. Sem tiros, explosões ou correrias malucas. "Charuto e Mosca são uns imbecis", constata. "Pelo menos ainda tenho o Colorido", consola-se.

Gostaria que seu estado de saúde delicado igualmente fosse um devaneio. Porém, tudo piora. E o médico residente da penitenciária fala agora em complicações cardíacas. Por isso esse retorno repentino ao hospital. "Imagina se um coração de ferro sucumbe a..." – Nareba desfalece com a anestesia. E está pronto para mais um exame invasivo.

Dias antes, duas fugas em presídios distintos deixam autoridades de cabelos e orelhas em pé. Apesar de haver integrantes do grupo criminoso de origem prisional paulista entre os fugitivos, tanto no Paraguai como no Estado brasileiro do Acre, não se consegue fazer uma correlação entre os fatos.

Poderio econômico da facção, corrupção de agentes públicos e, mesmo, movimento natural e preservacionista de aliviar a pressão da panela sempre incandescente desses barris de pólvora depositários de gente acabam por justificar escapes vez e outra. Válvulas necessárias, mas que devolvem ao jogo peças importantes da criminalidade. Daí a preocupação com Nareba. Se não foi despachado para outra dimensão em momentos propícios, agora precisa ser mantido em banimento seguro indefinível. É nesse sentido que trabalhamos.

BARRACO NA REDE

Bahia, 2020

Janeiro de 2020 insiste em continuar. Felizmente ao nosso favor. Uma entre infinitas brigas por redes sociais chamam atenção de persistentes analistas de inteligência. Duas mulheres trocam insultos abertos na grande ágora virtual:

– Essa cirurgia no braço é de tanto levar sacola de comida na prisão pro meu marido. E aí vem uma piriguete qq pra deitar e rolar no $$$ do panaca. Acho que a panaca sou eu... 35 anos vivendo pra ele, 13 anos passando humilhação em porta de cadeia...

– Seu marido acaba de me dá um celular top, sua panaca kkkkkkkk! Já tenho um carro dele também, acredita? Tá bom pra vc? Muito burra, só serve pra porta de cadeia mesmo. E eu aqui usando e abusando de viagens, essa vida de luxo.

– Vc é desprezível, um zero a esquerda, nem existe pra mim. Mas se continuar de palhaçada vou vasar certas fotos de um celular q vc deixou no carro dele. Os marmanjos vão adorar, piranha!

– Tá me ameaçando, sua panaca fracassada? Bem q queria mas nem pena sinto de vc. Vai em frente, o q é bonito é pra se mostrá. Vc aí toda véia caída não pode fazer o mesmo né? Tristesa kkkkkkk

A esposa traída é companheira de vida do Colorido, veja só. Advogada de bandidos da cúpula da facção, inclusive do marido, já foi sócia e amiga da primeira mulher de Nareba, até esta ser assassinada na porta de casa no ano de 2002, em atentado até hoje mal explicado.

Do outro lado do ringue, a jovem amante de Colorido, que anunciara gravidez, castiga sem dó a oponente, mas abre informações valiosas sobre seu paradeiro atual. Apesar de registros mostrarem que ela possui residência fixa em Goiás, existem outros endereços vinculados a seu nome ou a parentes em Brasília, Minas Gerais e Bahia. Ou seja, exposição fútil está prestes a nos guiar direto a Colorido, foragido da justiça há 12 anos.

– Agora vai, a periguete está em Salvador.

– Ok, já estamos acionando nossos contatos lá.

Não demora muito para que nosso Hércules-Quasímodo seja localizado. A figura aparentemente frágil e quase submissa por trás de olho furado e perna manca, heranças do cárcere, camufla o instinto feroz dos sobreviventes. Astuto, Colorido mantém o disfarce enquanto passeia com a nova família na orla da praia. Uma autêntica família feliz.

Equipe da P2, em campo, envia foto para o AB Brasil.

– Temos certeza sobre a mulher, mas ele parece um pouco diferente.

– São os óculos escuros. E também boné e peruca. Percebeu se ele manca?

– Sim, dá uma boa puxada na perna direita.

– Tem ninguém dele dando cobertura? Certeza? Ele é extremamente perigoso.

– Mais de uma hora acompanhando. Nenhum sinal de seguranças.

– Ok, aborda. Com cuidado, hein, a praia tá cheia.

Depois de tanto tempo solto, na clandestinidade, Colorido custa a entender a ação cirúrgica dos policiais militares disfarçados. A amante, grávida, senta-se em um banco de concreto e chora.

– Deve estar havendo algum engano, senhor policial.

– Tá armado? Levanta a camisa.

– Claro que não, olha. Sou cidadão de bem.

– Documentos.

Ele então saca uma identidade fria, facilmente comprovada em breve consulta. O inusitado de tudo isso é que seu verdadeiro nome constava na lista de criminosos mais procurados do país, que seria divulgada pelo Ministério da Justiça no dia seguinte. Com sua prisão na véspera, a lista de 27 rostos foi reduzida para 26.

Outro fato singular foi a entrada de todos na delegacia. "Fardados" de chinelos, shorts e camisetas, os policiais militares causam espanto na autoridade de plantão, que não faz a mínima ideia de quem estes banhistas incomuns levam até ela.

– Mas o que significa isso? Quem são vocês? Quem é ele?

– Bom dia, doutora. Trouxemos um presente.

Mesmo com as devidas apresentações posteriores, a chefe do local mostra-se visivelmente contrariada. Insiste em detalhes burocráticos.

– Como vocês entram aqui assim, sem me avisar de nada? Quem autorizou esta prisão?

– Ninguém quer aparecer aqui não, doutora. Só fazemos o nosso trabalho. Sugiro que faça o seu também, porque esse aí vai ficar bastante tempo atrás das grades.

Sem paciência para discussões, os homens do serviço reservado da PM preenchem a papelada e saem pulando de alegria.

TESOURO SUBMERSO

Estreito de Gibraltar, 2036

De volta à sala controlada no centro de coleta e reciclagem de lixo, em 2050, Piauí acolhe Raysha, pois não conhecia tanto assim a história do Peru, pelo menos sob este prisma particular.

– Ainda bem que você ficou de fora de toda essa confusão – ele diz.

– Eu realmente não sabia, nem participei de nada, mas ele poderia ter me levado junto, se quisesse. Estávamos no mesmo quarto de hotel, fomos vistos juntos em público.

– Talvez não tenha acreditado tanto assim no Estevez... – Piauí deixa escapar um personagem complicador, que não quer apresentar ainda a Raysha.

– Estevez? Esse é o nome do homem que encontrou com Radesh? – esperta, ela logo liga os pontos.

– Sim, depois falamos dele – afirma Piauí, um pouco irritado consigo mesmo. – Você sabe que a história da Suíça ainda não terminou, não é?

– Sim, claro. Maquinado apontou três rotas de fuga antes de morrer na ambulância. O que aconteceu? Não sei como Radesh escapou dessa.

***

No último ato da tragédia suíça, Renato diz a Mattis que é impossível cobrirem as três rotas de fuga: estreito de Gibraltar, Bálcãns e Irã.

– Não há tempo. O melhor é esquecer duas delas e concentrar esforços em apenas uma.

– E o que você sugere? – pergunta Mattis.

– O estreito. O controle e a abordagem serão mais fáceis por lá, devido às características geográficas da região. Além disso, é bastante provável que os cabeças do grupo tomarão essa rota para acessar o Atlântico e chegar ao Brasil – pondera Renato.

Experiente em ações no estreito de Gibraltar, famosa passagem para imigração ilegal e tráfico de drogas e armas, Mattis ironiza:

– Tem certeza de que será mais fácil a abordagem no estreito? Mas concordo com o seu segundo argumento. Tudo bem, vamos lá.

Canal natural que liga o mar Mediterrâneo ao oceano Atlântico (resultado da divisão das placas tectônicas euro-asiática e africana), o estreito de Gibraltar situa-se entre o sul da Espanha e o norte de Marrocos, separando o continente europeu do africano. São 14 quilômetros de uma margem à outra, nas pontas mais próximas, com profundidade entre 300 e 1.000 metros.

Também conhecido como "Colunas de Hércules", sua importância histórico-cultural remonta há muitos séculos. Segundo a mitologia grega antiga, foi o filho de Zeus quem abriu o caminho para completar um de seus doze trabalhos.

O estreito de Gibraltar igualmente serviu de passagem para a supremacia viking entre os séculos 9 e 11. Os exploradores nórdicos promoveram saques e pilhagens desde ilhas situadas na face atlântica da Inglaterra, França e Espanha, até cruzarem o estreito e chegarem à costa mediterrânea de domínios espanhóis, franceses, italianos e inclusive de países norte-africanos.

No calor da perseguição em 2036, equipes comandadas por Renato e Mattis fazem buscas minuciosas – tanto presenciais como por satélites, radares e outros equipamentos rastreadores disponíveis – na maior parte das embarcações superpotentes que traficam drogas pelo estreito, mas nada acham. Inspecionam, inclusive, precários botes que transportam refugiados à Europa, sem resultado. Só tiros n'água.

Sem saberem, perdem o rastro de um submarino fantasma de pequeno porte, oculto por mantos de invisibilidade óptica em associação à velha camuflagem sônica subaquática. E carregado com algumas toneladas de ouro. Investigações posteriores comprovariam as suspeitas levantadas por colaboradores do aBA.

Resumo da ópera suíça: o arrogante e incompetente Niklaus foi execrado e condenado pelo massacre em Davos. Mattis entrou para o Alpha-Bravo Amortais depois de cumprir outras etapas obrigatórias. Renato Jr. teve reconhecido seu empenho em alertar e lutar para diminuir os efeitos da catástrofe – e assumiu posição de destaque no grupo, que ganhou mais solidez, respeito e protagonismo após o desfecho do caso.

No entanto, pouco ouro foi recuperado e ninguém de expressão chegou a ser preso ou neutralizado. A exceção ficou por conta do velho Maquinado, que não mandava mais em nada no jogo e estava ali somente pela adrenalina e diversão oriundas da psicopatia. Diferentemente de seu antigo parceiro, o aposentado septuagenário e ainda vivo Nareba, esquecido, livre e de volta à Baixada do Glicério, bairro do centro de São Paulo, local onde, menino, era conhecido como "cheirador de cola".

Enfim, resultados insignificantes frente à audácia da Liga dos Comandos Transnacionais. Nem Mattis e muito menos Renato ficaram contentes com as condecorações. Os embates continuariam num ciclo infinito de vitórias e derrotas alternadas entre os lados. Como sempre foi. E será.

ORIGENS E AVANÇOS

*Um passeio por diferentes tempos
e vários espaços*

Aos 52 anos, condenado a mais de três séculos de reclusão e já sabendo da mais nova prisão do seu ex-salvador da vez (Colorido), Nareba sinaliza esgotamento físico e mental. Será esse o momento fúnebre de sua derrocada? Não deixa de ser irônico que, cercado de inimigos e potenciais traidores, esteja para morrer justamente por um descuido causado por si próprio. "Se assim for, será uma honra", tenta se iludir diante da besteira que fez com o chip e a bateria.

Por outro lado, já teve suas vitórias. Muitas, certamente. A facção experimentou crescimento exponencial sob seu comando. Se os chefes inaugurais souberam como ninguém usar o apelo midiático do Massacre do Carandiru para forjar, a ferro e fogo, os preceitos da facção nos anos iniciais da década de 1990, ele trouxe o pragmatismo da visão empresarial do crime em época de constantes e velozes transformações no começo dos anos 2000.

Conhece seus predecessores (assaltantes de banco e sequestradores gabaritados) já há alguma data – exemplo claro da meritocracia criminal por competência. Inclusive, dividiu o presídio de Taubaté com tais integrantes do núcleo duro do bando articulado prestes a estourar. Só não participou da icônica batalha campal da partida de futebol naquele agosto de 1993 (símbolo de fundação da facção) porque estava em prisão solitária. Porém, tudo tem sua hora. Como ladrão não foi lá essas coisas, mas era cerebral. Jogar bola com a cabeça decepada de um caipira oponente nunca foi sua tática.

Fica à espreita e aguarda momento oportuno. Enquanto isso, a facção cresce junto com a massa carcerária fermentada por políticas endurecedoras antidrogas. Dados atuais inserem o Brasil na terceira posição do ranking de países com as maiores populações carcerárias do mundo. Temos 773 mil presos[20], ficando atrás apenas da China (1,7 milhão) e Estados Unidos (2,1 milhões).

O ciclo é perverso: encarceramento desenfreado gera déficit de vagas (312 mil), que motiva a construção de novos presídios, que não

---

20. *Levantamento Nacional de Informações Penitenciárias (junho de 2019).*

acompanha a retroalimentação do sistema com as prisões em massa, que acelera superlotações e tratamentos desumanos, que se tornam combustível para rebeliões e barbáries, que só interessam a facções hegemônicas como a de São Paulo para arregimentarem seus soldados, que recebem acolhimento e proteção em troca de eterna fidelidade dentro e fora da cadeia, que perpetuam o cometimento de crimes...

Além disso, existe ainda a função "pedagógica" de amontoar diferentes tipos de criminosos nessas verdadeiras oficinas do diabo. Se cangaceiros leais a Lampião e companhia sofreram, quando capturados, influência de presos políticos da Intentona Comunista de Prestes e, igualmente, assaltantes comuns pré-falange vermelha aprenderam conceitos e táticas de organização e guerrilha urbana com opositores ao regime militar no presídio da Ilha Grande, no litoral sul do Estado do Rio de Janeiro, os paulistas da capital copiaram a estrutura do Comando Vermelho carioca quando se esbarraram em prisões. E aperfeiçoaram-na.

A grande sacada para o desabrochar da facção paulista foi dar-lhe, de início, um caráter político de resistência à opressão do Estado. Seus líderes aproveitaram-se dessa massa disforme de homens sem identidade, sovada com muita porrada na jaula, para estender-lhes a mão. A adesão maciça de prisioneiros em São Paulo, sob as barbas de autoridades teimosas em desdenhar do movimento, completou a receita da tragédia anunciada.

A cereja do bolo, no entanto, vem em 1997[21], quando membros fundadores do grupo prisional são transferidos para o Paraná e Mato Grosso do Sul como forma de evitar a disseminação da ideologia criminal no Estado de São Paulo. Porém, a estratégia desastrada só ajuda a ampliar a rede de atuação da facção, que encara a prisão como o fim de todo criminoso. Ou seja, ao controlarem as penitenciárias, dominam a criminalidade, pois, em algum momento de suas vidas, assaltantes ou traficantes cairão presos e ficarão cara a cara com as lideranças. Uma vez ali dentro,

---

21. *Conflitos em presídios paulistas levaram a um acordo político entre governos estaduais para a execução de transferências a partir de novembro de 1997.*

não há como buscar neutralidade. Ou se está a favor ou contra a facção. Assim funciona o implacável mecanismo de cooptação.

Com o passar dos anos e inevitáveis conflitos internos, o time titular começa a ser substituído ou morto. Então, cabe a Nareba assumir o comando, presumivelmente a partir de 2002. Descentraliza a hierarquia vertical, mas mantém o controle com regras rígidas. Os roubos sempre tiveram espaço, claro, mas ele enxerga no tráfico de drogas a sustentação logística do grupo.

A expansão da facção se intensifica pelo país com a virulência de uma doença epidêmica e mortal. E o ambiente promíscuo encontrado em grande parte dos presídios brasileiros representa o hospedeiro primário ideal para a replicação de agentes infecciosos parasitários.

Neste tempo, os índices de mortes violentas caem de forma drástica nas áreas controladas pelo grupo, principalmente em São Paulo. Sim, o poder paralelo da facção atua como uma espécie de moderador e regulador das atividades infracionais violentas, conferindo a falsa impressão de paz e abrindo caminhos para o cada vez mais livre comércio de venda de drogas em várias "biqueiras" nas "quebradas", à base de muita propina, é claro. Cenário de perfeito (mas delicado) equilíbrio entre a bandidagem e o Estado.

Porém, o ser humano é um bicho ambicioso. E fura-olho por natureza. Os lucros estratosféricos envolvidos despertam a cobiça de parte da ala podre dos "agentes do Estado". Membros da facção começam a ter seus familiares sequestrados para o pagamento de resgates. Com a intenção de fugirem das seguidas extorsões, alguns integrantes decidem migrar a outras localidades ainda não dominadas, como Minas Gerais, Goiás, Bahia e Ceará. Os vizinhos Paraguai e Bolívia também entram no roteiro. Ou seja, tal casuísmo enviesado ajuda a disseminar ainda mais os tentáculos imperialistas da facção.

O quadro nefasto piora em abril de 2005, quando o enteado do próprio Nareba é sequestrado por policial que fazia investigações em Suzano, região metropolitana de São Paulo. Indignado, o chefão paga o resgate, mas promete cobrar a conta. E a situação torna-se insustentável após o grande furto ao Banco Central de Fortaleza/CE, realizado em agosto de 2005 com a participação de muitos paulistas. Tanto dinheiro vivo a circular na praça só contribui para o aumento dos sequestros. Então, o clima esquenta de vez entre criminosos profissionais e policiais bandidos.

Sob ordens de Nareba, a facção reage: mapeia os ex-sócios de farda e abre a temporada de caça à concorrência. Porém, as vítimas dos assassinatos não se restringem apenas a policiais bandidos. Muitos agentes da lei, corretos e inocentes (a maioria, por sinal), tombam frente à audácia dos criminosos, indistintamente. A reação da polícia é imediata e ambos os lados perdem o controle. O resultado é a explosão do que ficou conhecido como Crimes de Maio, em 2006, eventos que deixaram a maior metrópole da América do Sul de joelhos.

Diante de todo o banho de sangue gerado – 564 pessoas assassinadas entre os dias 12 e 21, sendo 59 agentes públicos e 505 civis –, o fato é que Nareba se consolida como líder supremo de uma rede criminal muito bem costurada, tipo um primeiro-ministro, tendo abaixo de si lideranças setoriais alinhadas à ideologia do grupo, todas com substitutos definidos em caso de isolamentos por regimes disciplinares diferenciados ou mortes. E tendo como base fundamental o exército de soldados-operários, que seguem as ordens cegamente e formam a massa carcerária cansada, homogênea e sem voz a serviço da cúpula.

***

De volta a janeiro de 2020, Nareba sente-se como mera figura decorativa, uma rainha da Inglaterra esmaecida, sem súditos. Maquinado segue preso, Colorido idem. Mosca Branca só aparece quando quer. E Charuto... sumiu do mapa[22].

---

22. *O que Nareba não podia saber, em janeiro de 2020, é que seu grande sócio e amigo Charuto também estava com os dias de liberdade contados. Após ter seu nome ligado às mortes de 88 e Anta por um providencial bilhete achado na penitenciária de Presidente Venceslau (seria mais uma operação psicológica?), o megatraficante internacional deixa a Bolívia, passa pela Argentina e vai até a África do Sul para se afastar um pouco da pressão no continente sul-americano. Aproveitaria para fechar negócios na África. Ao se deslocar para Moçambique, de onde não conseguiria sair por causa das fronteiras fechadas em virtude da pandemia do novo coronavírus, é preso em meados de abril por uma força-tarefa internacional. E extraditado dias depois ao Brasil, diretamente ao presídio federal de Catanduvas, no Paraná.*

Talvez uma greve de fome se encaixe bem neste momento de desespero. Precisa chamar atenção para si, manter seu nome e sua reputação em pauta, antes que vire um nada e se perca no esquecimento, a pior das punições.

No entanto, sabe que seu legado triunfará. Com o inexorável processo de internacionalização em curso, a facção anda com suas próprias engrenagens – erguidas, interligadas e azeitadas muito em função de seus esforços como líder visionário, gaba-se.

Paraguai tem sido um ótimo início. O poder econômico do grupo criminoso paulista, a já conhecida disposição do país sem acesso ao mar para a corrupção e suas fronteiras permeáveis com o Brasil geram um casamento perfeito. Por meio da invasão e do controle do sistema carcerário paraguaio, a facção estabelece na pobre nação vizinha não apenas um porto seguro, mas sua base de operações para se espalhar pelo mundo.

Os dez mortos do clã Rotela, no presídio de San Pedro del Ycuamandyyú, em junho de 2019, que o digam. Lá do além! A "fuga" de 40 irmãos paulistas pela porta da frente da penitenciária de Pedro Juan Caballero, em janeiro agora, é o último fio de esperança a que Nareba se agarra. "Minha vez chegará", repete como um mantra.

Enquanto isso, sente orgulho de ver tentáculos da facção extrapolando a América do Sul (Bolívia, Peru, Colômbia, Uruguai, Argentina, Venezuela) e alcançando Estados Unidos da América, bem como Espanha, França, Holanda, Inglaterra, Itália, Portugal e, veja só, Suíça. Todo este ambiente propício pode culminar, um dia, com a disseminação pandêmica da facção paulista, como um vírus ameaçador global.

Fisgada no estômago tira Nareba do sério. Poderia morrer feliz, é verdade. Mas não vai ser um litiozinho tóxico que irá despachá-lo desta existência. Tem muito o que fazer ainda para recuperar o tempo perdido no cárcere.

UMA VIDA EM ESPIRAL

Distrito Federal, 2020

No mesmo final de janeiro de 2020, já saído de casa depois do último café da manhã em família, encontro-me com Piauí. Muito emocionado, ele não sabe como reagir.

– Venha cá, meu amigo. Me dê um abraço!

– Poxa, Renato. Vai ser difícil pra diabo, mas estarei sempre aqui, de olho.

– Raysha vai pra fora. Consegui vaga numa faculdade renomada do Canadá. Pelo que conheço dela, não voltará tão cedo. Essa menina vai longe – meu olhar se perde no belo horizonte brasiliense.

– A você é que ela não puxou, né? – brinca Piauí, me trazendo de volta à dura realidade.

– Com certeza! Agora, é importante que ela pense que é um benefício do governo brasileiro, junto com vaquinha do pessoal do departamento. Bastará o primeiro empurrãozinho. Depois ela decola.

– E tua mulher? Não tem como não perguntar.

– Aí complica... – abaixo a cabeça, desconcertado.

– Nem mesmo ela pode saber? Só ela. Isso é muito cruel.

– Piauí, você viu as ameaças que recebi. Crueldade é colocá-las nessa situação maluca de perigo constante.

– Entendo.

– O preço é alto demais mesmo. Mas não tenho saída. Não falo de mim. Sempre me coloquei no rabo do foguete. Simplesmente não posso arrastá-las nessa corrida insana em rota de colisão com a morte. Porcaria!

– Mas o que te garante que não virão atrás delas na tua ausência? Desculpa, Renato. Tá tudo muito confuso. Tô com aquele nó na garganta, sabe? Aquele bolo que não desata. E sufoca.

– Você é grande, Piauí. Já fiz, refiz e testei todas essas perguntas. Não adianta forjar um funeral de caixão fechado. Eles iriam atrás. Ainda não sabem onde nos encontrar, mas seria questão de pouco tempo até descobrirem, caso sentissem tal necessidade. E qual seria essa necessidade? Arrancar informações da esposa que sabe o paradeiro do "policial safado".

– Você está dizendo que vão chegar até ela de qualquer jeito, é isso?

– Claro, questão de tempo. E alguns vagabundos vão monitorar ela, acompanhar seus passos todos os dias e noites até desistirem por falta de comprovação. Não terá mais nenhuma importância pra esses miseráveis. Por isso ela não pode saber que estou vivo.

– E o Mosca Branca nisso tudo? Vai engolir?

– Tenho um pouco de noção de como funciona a mente doentia e brilhante do Mosca. Comigo fora do caminho desses criminosos, minha mulher e filha não terão mais importância, entende? Se eu tô morto ou desaparecido, tanto faz pra ele. Só quer saber de não ter mais seus planos frustrados e seus carregamentos apreendidos. O resto que se lixe.

– Mal sabe ele que você passou de fase...

– E o senhor trate de tomar bastante cuidado. Como meu elo direto, saberá de coisas que ninguém nesse país terá ciência sequer em sonho.

– Queria muito ir contigo.

– Deixe de bestagem, homi, e vá curtir tua família! A vida pode ser muito mais curta do que imaginamos.

– E injusta. Ó vida miserávi!

– Já temos nossos meios de contato. Em caso de precisão, te aciono. E você faça o mesmo também, visse?

– Engraçado ver você falando assim. Como a gente vai largando nossos sotaques, gírias, raízes, né?

– Processo natural, não me prendo a isso. Mas vale muito pra criarmos identidades em infiltrações... não é, senhor "mestre dos disfarces"?

– Mas e agora? Nesse momento? Pra onde vais?

– Bom você saber dessa primeira conexão: Bolívia, Estevez (parceiro do Rossetti). Vou conhecer minha missão inicial e construir a estória-cobertura.

– Saúde, Renato!

– A todos nós – brindamos à vida.

Antes de cair na clandestinidade, entrego o original do dossiê que tem tudo para ser um segundo livro a Piauí, ainda sem título ou fechamento decente.

– Quase esqueço. Não posso levá-lo pra onde vou.

– Mas faço o que com essa papelada?

– São apenas algumas memórias que não quero e nem posso lembrar. Poderão vir a ser publicadas um dia.

– Mas você precisa contar do seu jeito, mesmo que seja de forma romanceada. Às vezes parece até literatura fantástica de tão surreal. E ainda tem minha pessoa pra dar aquele toque de classe, entende? Publico com outro nome, o que acha?

– Não vou terminar isso. Só quero que você entregue esse caderno em espiral pra Raysha. Mas apenas quando perceber que for a hora.

– E eu tenho saída? Fechado, então!

Sentirei muita falta também desse cabra...

A chegada a Puerto Quijarro, na Bolívia, é relativamente tranquila, apesar dos solavancos do bimotor pego em Campo Grande/MS. Na pista de terra batida, Estevez em pessoa me aguarda.

– Finalmente tenho a honra de conhecer Renato Júnior. Rossetti tem falado muito de você nos últimos tempos. Como se sente com a nova vida? – assunta em português muito bom para o gasto.

– Como vai, Estevez? Um pouco enjoado – algo não bate bem na primeira impressão. Ou talvez seja apenas o sacolejo indigesto da viagem sem volta.

– Ok, vamos sair logo daqui. Bem-vindo à "Cocalândia"!

– E o Rossetti? Por onde anda? – pergunto já com o carro em movimento.

– Diz que está cansado, será possível? E quer escrever livros, dá pra acreditar? Depois de velho tá perdendo a mão, ficando com o coração mole.

Abaixo o boné, recosto-me no banco do carona e puxo um cochilo que nem jacaré.

– Chegamos?

– Isso aí, eis o nosso cafofo!

– Opa! – finjo exclamação.

– Ei, novato, preciso ir à cidade. Vou deixá-lo descansar. Em cima da escrivaninha tem um envelope com instruções do Rossetti. Divirta-se, Renato!

– Você também, Estevez.

"Caro Renato, fiz algumas escolhas erradas nessa vida. Outras nem tão certas, mas urgentes. Você acaba de pisar num terreno em que não existem bases de dados mundiais ou memórias afetivas pessoais. Pura ficção para meros mortais. Você não foi escolhido à toa. Tinha de acontecer. Quero que olhe para os documentos nessa pasta e encare-os como sua nova certidão de nascimento. A missão inaugural é se infiltrar na prisão de Ycuamandiyú. Saber como está a dinâmica depois das dez mortes em junho do ano passado. Estabeleça ainda ligação com a fuga de Pedro Juan nesse mês. Precisamos entender o crescimento da facção no Paraguai. Desvendar seu contexto financeiro para sufocá-la no bolso. Você terá apoio interno irrestrito, não se preocupe. Vamos nos redimir, caro Renato! Perseguir esses parasitas! Você tem uma semana de preparação. Último detalhe: sei que se sente inseguro com Estevez. Provavelmente ele deu um jeito de violar essa correspondência, mas confie. Conheço a história dele. Talvez esteja enciumado, mas é um bom rapaz. Vai ajudá-lo. Um dia riremos de tudo isso. Vai na paz, guerreiro! Nos veremos em breve."

Respiro fundo e encaro a nova vida: "Lá vou eu!"

PERDA E GANHO

Brasília/DF, Paris/França, 2050

De volta ao subterrâneo em 2050, Raysha pergunta:

– E então, Piauí? Quais seus planos pra mim? Essa clausura aqui embaixo já está me incomodando.

– O plano A é mantê-la afastada de confusões. Ou seja, longe do Brasil.

– E o plano B?

– Vamos nos ater às prioridades. Nossa rede de colaboradores diz que Radesh veio ao país especialmente para capturá-la. Quer extrair o que puder da tecnologia das redes neurais telepáticas. E não medirá esforços, você sabe.

Raysha treme por dentro, mas evita transparecer sua angústia:

– Com ele eu me entendo.

– Você parece não saber o que o tempo passado e remoído faz com pessoas de mente fraca e doentia, como o Radesh. Aquele rapaz perspicaz e idealista que você conheceu aos vinte e poucos não existe mais. Foi massacrado e corrompido pelas mazelas do sistema carcerário.

– Sim, acredito. O pior é que ele me culpa pelos seus próprios erros. Não tive nada a ver com a prisão dele no Peru, juro.

– Claro que eu sei disso, Raysha. E sei também quem armou pra ele.

– Foi aquele homem com quem Radesh se encontrou, não é? O tal Estevez. Só o vi a distância, mas pressenti algo horrível.

– Sim, ele é um ex-agente da CIA, na época responsável pela América do Sul. Um dos mais degenerados que já conheci. Representa a escória do jogo sujo da espionagem mundial. Seja lá o que acontecer, fique longe desse boçal.

– Ok, recado dado. Mas pra onde vou então?

– É o seguinte: o interesse da Liga dos Comandos Transnacionais em seu projeto despertou a atenção de várias agências de inteligência no mundo. Ou seja, tanto criminosos como governos estão atrás de você. Mas não é possível confiar em nenhum dos lados. Por essa razão, você também não pode voltar à Suíça.

– Sem problemas, posso reproduzir todo o material perdido em meu laboratório suíço. E garanto que ninguém consegue quebrar minha criptografia. Com exceção do Radesh... bem, já tava cansada mesmo daquele frio desgraçado. Pra onde vai me levar, Dindo? – Raysha parece ainda um pouco alheia à situação emergencial em que se encontra.

***

Não é de se estranhar o interesse da Liga nos experimentos da cientista brasileira. De fato, o processo evolutivo da facção paulista sempre se baseou na potencialidade de mecanismos comunicacionais: 1) "Salves" levados por advogados, carcereiros ou familiares via cartas em papel ou memorizações. 2) Centrais telefônicas do crime, no início da utilização de aparelhos celulares: bases para retransmissão de telefonemas de membros da facção; uso também de mensagens de SMS codificadas em métodos de criptografia rústica. Exemplo: rebeliões de 2001 em 29 presídios paulistas foram coordenadas por esta tecnologia. Na época, segundo a Anatel, havia menos de 20 milhões de aparelhos no Brasil. 3) Mensagens instantâneas via aplicativos: com o aperfeiçoamento da tecnologia, como o BBM no início da segunda década do século atual, os "salves" digitais alcançam outras regiões e países. Em 2010, o número de telefones móveis supera o de habitantes no Brasil. Além da corrupção no sistema carcerário, há relatos de contrabando de aparelhos e drogas por meio de drones e até de pombos-correio, bem como de ratazanas, muito bem treinadas a levar mercadorias de um pavilhão a outro. Brasileiro é um bicho criativo.

Seguindo a linha de constante sofisticação de seu sistema de comunicação, o grupo criminal de origem prisional, orientado por Radesh, vê nas redes neurais telepáticas a possibilidade de mais um salto evolucionário em sua atuação estratégica.

Por outro lado, somente a partir de 2036, após o histórico domínio da Suíça e o já abordado interesse da Liga dos Comandos Transnacionais pelo invento em gestação, é que as redes telepáticas começam a ser levadas mais a sério pelos centros de poder, que veem um potencial enorme para aplicação na área militar, por exemplo. Como visto, o domínio de novas tecnologias de comunicação vale ouro na difusão bem sucedida de operações psicológicas em tempos de guerra.

Agências secretas de inteligência confirmam que Radesh é o mascarado dos discursos na Suíça e asseguram que ele fugiu de submarino pelo estreito de Gibraltar com os brasileiros. Desde então permanece foragido. Ao rastrearem seus passos, descobriram sua relação com Raysha. E ela então passou a ser alvo de acompanhamento prospectivo dessas numerosas e distintas agências, cada uma com objetivos particulares e esdrúxulos.

Estevez é mais um à sua procura, só que agora como mercenário do mal. E tem uma motivação extra: ter em posse a filha de Renato Júnior, seu maior desafeto, o salafrário metido a herói que lhe roubou o protagonismo no cenário mundial, que seria dele, Estevez. Só dele.

Atento às movimentações tanto da filha como dos órgãos de inteligência estatais, Renato está por cima, fora de qualquer jurisdição. E a protege. Quem chega perto demais, simplesmente é "abduzido" e levado a outro plano espiritual. Mas o cerco em torno dela está se fechando rapidamente. Por isso Piauí foi acionado.

***

– Está quase na hora da troca de turno. Vamos nos aprontar.

– Aprontar pra quê? Pra onde vou? Por que você nunca responde diretamente às minhas perguntas?

– Melhor você não saber para onde vai. Pelo menos por enquanto.

– Mas como assim? O que está havendo? Tenho o direito de saber.

– Conecte esse alimentador em sua rede neural assim que estiver em segurança e terá muitas respostas. Permaneça off-line o máximo possível, isso é crucial. Mas se tudo der errado, e são grandes as chances de isso acontecer, abra sua rede que aí te ajudo a sair daqui em segurança.

– Você consegue estabelecer um canal fechado telepaticamente comigo? Essa etapa ainda não foi aberta para ninguém. Pensei que só o Radesh fosse capaz de quebrar minha criptografia quântica...

– Temos os melhores quadros no AB Amortais. Mas o problema é que, mesmo em um canal fechado, nossos pensamentos poderão ser raqueados por Radesh.

– Peraí, isso quer dizer então que você não vai comigo?

– Esse é o plano B, Ray. De qualquer forma, ainda tenho algumas coisinhas pra resolver por aqui.

Raysha sempre se considerou "mente aberta" e, após finalmente desbloquear os "poderes" telepáticos humanos, tem deixado com frequência sua rede à disposição de propósito, receptiva a todo tipo de lixo inimaginável, que invade sua cabeça das piores maneiras e nas mais intrusivas situações. Tudo para ter a chance de "esbarrar" com seu pai nesse admirável novo mundo de integração comunicacional plena.

Chegou a um ponto tal de não conseguir distinguir seus próprios pensamentos e sonhos de mensagens não identificadas plantadas em seu cérebro à beira de um colapso nervoso. Isso é o que significa ser a criatura de sua criação. E questiona-se agora, ao saber da invasão da rede pelo AB Amortais, se o pai já não fizera contato com ela. Incógnito, como sempre.

Diante de tantas revelações, torce para que o mecanismo de controle do fluxo comunicacional ainda esteja em segredo. Tamanho poder não está maduro para ser compartilhado entre todos. É este o Santo Graal que Radesh tanto persegue. Porém, Raysha tem ciência de que, em breve, a democratização desse novo meio de comunicação será inevitável, como acontece com qualquer tecnologia. Para o bem e para o mal.

Piauí observa, pelo sistema de reconhecimento facial montado em sua sala antirrastreamento, a movimentação no setor de reciclagem do centro de tratamento de lixo. O pessoal do turno da tarde começa a chegar. Tudo parece normal.

– E isso aqui é para uma hipotética necessidade de ativar o

Plano C – entrega-lhe um pequeno recipiente.

Raysha abre o invólucro imediatamente e se surpreende com o conteúdo:

– Minhas unhas postiças? Por que você as pegou de volta? Ah, se eu soubesse, na tasca do Joaquim, que tinha sido aquele ser biopunk repugnante que envenenou minha mãe...

– O que você faria, Raysha Andrade? Mataria o ser vivo com as próprias mãos? Teria peito pra essa ação extrema?

– Provavelmente tentaria, ao menos – diz envergonhada. – Por que me trazer essa lembrança doída de volta? Confesso que fico até aliviada de você ter resolvido a questão, mas as unhas... coisa mórbida do cacete!

– Tenha muito cuidado ao manuseá-las. Inseri uma toxina mortal nas pontas, que só será liberada se você cravá-las em tecidos epiteliais. Apenas um simples mecanismo de autodefesa.

– E essa é sua explicação? Uma verdadeira arma letal, você quer dizer. Não vou usar esse treco. Não sou assassina.

Piauí sorri e continua:

– Mantenho minhas dúvidas se a vingança milenar baseada na lei de talião, o tal olho por olho, dente por dente, ainda é um recurso legítimo de equilíbrio da ordem. Mas quando se fala e se age em defesa da própria vida... isso supera qualquer barreira ética ou filosófica.

– Nossa, falou como um verdadeiro literato! Pode dizer, vai. Te zoam até hoje por você ter estudado Letras e dado aulas de Literatura Portuguesa, não é? – Raysha não resiste à deixa e zomba do amado protetor.

– Coloque as unhas e confie. Minha função é antever os piores cenários e propor soluções. Posso não estar por perto em um momento capital para você.

Raysha sempre tentou, sem sucesso, tirar esse homem do sério. Acha até divertido o desafio. Ele prossegue impassível, em tom grave, tenso:

– Vamos, vou acompanhá-la até a saída. É importante registrar sua baixa no sistema do centro.

– Então é isso, Piauí? Quando o verei de novo? Sentar pra beber uns tragos, jogar conversa fora. Falo sério. Sinto muito sua falta.

– Sim, sim, entro em contato quando tudo se acalmar. Agora vamos, minha querida.

Mantendo a fortaleza mental que precede ápices sem retorno possível, Piauí conduz sua afilhada com ternura para fora da sala protegida. Ambos tentam passar naturalidade e certo distanciamento cerimonioso. Misturam-se aos operários malcheirosos que circulam apressados. Uns para aproveitar migalhas de alegria na superfície; outros para retornar ao ganha-pão recheado de suor e chorume.

Na passagem entre o setor de reciclagem e o acesso às gigantescas câmaras de isolamento, porém, o velho coletor de lixo infiltrado repara aglomeração incomum e muita discussão. Vistoria robótica padrão escaneia minúcias em todos que entram ou saem. Só humanos mesmo para baterem boca com robôs. Um de seus colaboradores sussurra-lhe: "Plano B, agora!".

– Qual o problema? O que aquele homem falou? – pergunta Raysha.

– Chegou a hora do plano B, minha flor.

***

Sem informações precisas do que acontece de fato, Piauí retorna com Raysha para a sala antirrastreamento. Ergue um alçapão oculto embaixo de mesa maciça de mármore. Aperta a filha que não teve junto ao seu peito úmido e acelerado:

– Liga sua rede. Você vai pra França. No alimentador que te dei tem um mapa com o caminho até a saída desse buraco infernal. Um veículo leve voador te aguarda já com a programação de rota exata até o ponto de extração em território francês. Só em caso de vida ou morte você me aciona mentalmente, copiado?

– Sim, mas...

– Agora some daqui!

– E meu pai???

Os disparos começam. Piauí empunha sua arcaica Glock 9mm e revida, deixando Raysha mais uma vez sem resposta satisfatória.

– Vai, vai, vai!

Literalmente sem chão, Raysha desaba três metros até cair em amontoado de caixas de papelão estrategicamente acondicionadas no andar abaixo. Imediatamente a rota de fuga se desenha em sua mente atordoada. Não há setas virtuais ou qualquer outro artifício físico. Só sabe que tudo sabe. Instinto milenar de sobrevivência, potencializado pela boa e velha injeção natural de adrenalina, move suas pernas em velocidade invejável para qualquer atleta modificado e performático. Apesar de se distanciar o mais rápido que pode do centro conflagrado, ouve os estrondos absurdos de uma guerra impossível de se vencer, potencializados pelos túneis labirínticos em que se aventura sozinha. Ou nem tanto.

"Dindo, me compreende?"

... silêncio do outro lado.

"Piauí! É Raysha. Responde, por favor!"

... nada de resposta.

Imaginando já estar no plano C, ela confere as unhas postiças felinas e ignora recomendação de evitar contato pela telepatia que tanto lutou por destravar. Somente a possibilidade de um breve sinal responsivo de Piauí a excita de forma inimaginável. Cientistas vivem basicamente de tesão. Aquela expectativa bem egoísta de ver seus experimentos comprovados.

"Não é hora pra isso, Ray, continue! Já chegou ao veículo?"

"Funciona! Eu sabia! Ahahahahah!"

Cercado por autômatos, protegendo muito mais do que um mero ponto de extração, Piauí se mantém firme. Segura os oponentes artificiais baseado no tirocínio policial que décadas de atuação bastante humana lhe conferiram. "Renato, cadê você?", clama pelo amigo ausente.

"Não para, continua, sem olhar pra trás, Ray Ray."

"Você está atrás, Dindo. Como posso não olhar para você? Tô sentindo um certo conformismo invadindo o seu pensamento. Um tipo de certeza inabalável. Caramba, nossa conexão tá muito forte.

Vem pra cá, pula no buraco! Conhece o caminho, vem..." – ela soluça e entende de uma vez o propósito de seu padrinho: dar a vida por ela. Piauí disse isso com todas as letras após se culpar por não ter conseguido evitar a morte de sua mãe na tasca do Joaquim. Raysha achou que fosse um jogo retórico dele. Só agora percebe que não.

"Não precisa fazer isso. É só vir. Essas máquinas não passam nos dutos estreitos."

Ela sente mudança repentina no padrão mental de Piauí. Como se perdesse qualquer vínculo externo. Agora ele foca sua atenção em objetos bem definidos, no caso seus oponentes robóticos. Usa bomba de blecaute eletrônico para desabilitá-los por parcos minutos. O suficiente, no entanto, para serem exterminados e depenados pela turma de reciclagem eletrônica.

Contudo, novas máquinas tinindo comandos assustadoramente correcionais substituem deficiências vencidas. Enfim, abundam em versões mais fortes e inteligentes. O bravo Piauí levanta, então, barreira de energia formada por partículas nanotecnológicas invisíveis e refratárias, formando o clássico campo de força em torno de seu bunker prestes a ruir.

Relaxado e ciente da inevitabilidade de seu destino, pergunta:

"E então? Chegou?"

"Quase lá. Como você está?"

"O governo emitiu sinal de alerta nas fronteiras em seu nome, mas não se preocupe. A rota traçada é segura."

"Isso é uma despedida, Dindo? Não é justo!"

"Nunca é. Sinto muito que tenha de ser dessa forma, minha pequena. Você deixará de existir oficialmente, mas seu pai vai encontrá-la. Você vai sair dessa. Tens um potencial incrível pra ajudar os que ficam. O aB Amortais precisa muito de ti."

"Estou vendo a luz lá no fim, Piauí!", vibra Raysha.

"A luz..."

Intenso clarão do meio-dia retrai imediatamente as pupilas de Raysha, já do lado de fora, deixando-a momentaneamente cega na superfície. Ao mesmo tempo, explosão luminosa de granada phaser no interior da sala devassada no subterrâneo derrete as retinas de Piauí. Invadido de paz e resolução, aguarda as carcaças metálicas chegarem o mais próximo possível. Guarda uma última surpresa para essas máquinas mortíferas, mas ainda ingênuas. Conectada a ele, Raysha recebe avalanche de imagens aparentemente aleatórias, símbolos arquetípicos, sons tribais, palavras reprimidas, desejos ocultos, um mundo particular em ebulição insana e esplendorosa.

Mesmo de longe, ouve um estrondo abafado e prolongado, como ecos de um trovão distante. Sente ainda leve tremor de terra até tudo se assentar. Fios soltos de conexão neural residual se esvaecem e interrompem a comunicação.

"Adeus, meu querido Piauí..."

Sem mais olhar para trás, Raysha entra no veículo, que a identifica e levanta voo. Confusa, enraivecida, exausta (praticamente não dormiu desde que chegou a Brasília), ela adormece um sono agitado, sinistro, nada reparador.

***

Acorda assustada e desorientada em lugar indefinido. Ao seu lado um homem de sorriso largo encara-a sem esconder a satisfação por tê-la encontrado.

– Raysha Andrade, quem diria! Como esse mundo é pequeno... – diz o estranho, só que nem tão estranho assim.

Machu Picchu, no Peru, surge como um relâmpago em sua mente. E um horror profundo emerge de suas entranhas: "Não é possível, Estevez?", olha ao redor em procura de ajuda.

– Calma, está tudo bem. Ninguém escapa ileso desses subterrâneos, não é mesmo? Poderia levá-la agora para uma base secreta, mas um amigo nosso em comum quer te reencontrar a qualquer custo. Tanto que pagou uma grana alta por isso. Sorte a minha estar aqui por perto. Ele já está a caminho para buscá-la. Peço só um pouco mais de paciência.

Só então Raysha percebe que continua no assento do veículo voador. Porém, presa ao cinto de segurança e com as mãos atadas. E reconhece o lugar. Sim, está de volta ao ponto de partida, a poucos metros da saída oculta do centro de coleta e tratamento de lixo em Águas Claras.

Velho ajudante do já morto Rossetti, Estevez sempre invejou a relação de seu superior com Renato Júnior, pai de Raysha. E ela cai nas garras exatamente desse ex-agente duplo, triplo, múltiplo – comprado tanto pela velha guarda de traficantes de drogas orgânicas sul-americanas como pelo novo conglomerado árabe produtor de drogas sintéticas potencializadas por softwares de realidade expandida, com a chancela de qualidade do bilionário Radesh.

É, o mundo dá voltas. E Estevez retorna à carga:

– Traumatizada, benzinho? Até que Piauí deu certo trabalho, mas já estava na hora daquele velho decrépito partir para outra – o tom amistoso e acolhedor transforma-se de forma repentina em semblante fechado e discurso intimidador. O prazer mórbido é visível em seu rosto.

Ela apenas o fulmina com olhar de ódio mortal. Estevez não se faz de rogado:

– Ah, que bom! Finalmente está voltando a si. Você é muito bonita, sabia? A gente podia se conhecer melhor até seu namoradinho criminoso chegar. Como é ser mulher de bandido, hein? Isso te dá tesão?

Ela gela. E tenta desviar o foco da conversa:

– O que aconteceu? Por que não saí do lugar?

– Ora, ora, você tem língua, bom saber! Radesh é esperto, você sabe. Conseguimos localizar seu veículo a tempo de ele reprogramá-lo ao ponto de decolagem. Moleza pra esse nerd sem caráter. Você já estava apagada quando desceu.

– E por um acaso ele sabe que foi você quem o traiu no Peru?

– Hum, e sua língua é ferina, adorei! – nada demove o foco sexual do pervertido.

– Não encosta em mim, seu nojento, tô avisando!

– Quer gritar? Eu gosto. Me xinga também, vai!

– Não! Não! Não!

Amarrada, sem mobilidade na cabine apertada, ela tenta arranhá-lo, mas Estevez segura suas duas mãos envoltas em um tipo de algemas de polímero.

– Assim que eu gosto. Mulher de atitude... e lindas unhas! Mas, espera um pouco, o que é isso? São postiças? Você não tem ideia de como acaba de me decepcionar...

O ser abjeto desfere um tapa covarde, de mão espalmada, na face direita da mulher submissa. Raysha vê sua esperança sumir quando ele começa a retirar as unhas artificiais, uma a uma, e jogá-las ao chão. Ela se concentra. Desespero só a fará perder oportunidades ao redor. Sempre existe uma saída.

Então, um *insight* atravessa sua rede neural como um raio intuitivo. Entretido em rasgar a vestimenta da mulher indefesa, o abominável boliviano não repara a mudança de postura de sua vítima. Um único botão, protegido por frágil capa plástica, é seu alvo no console logo à frente. Dominada pela raiva, empurra o homem infame com forte energia e quebra a proteção, mas aperta os dois botões de uma vez: o dele, no assento do carona, e o dela. Ambos são arremessados imediatamente pelo sistema de ejeção zero-zero (altitude zero, velocidade zero), no qual foguetes propulsores localizados embaixo dos bancos disparam os ocupantes a uma altura de até 60 metros, principalmente pelo fato de a aeronave estar em solo, sem atritos.

Pior para ele. Sem cinto atado, tropeça no céu "como se fosse um bêbado", flutua no ar por um singelo momento (quando vocifera a plenos pulmões: "Sua putaaa!") e se acaba no chão "feito um pacote flácido". A gravidade não perdoa.

Quanto à Raysha, o velame principal de seu paraquedas não infla totalmente, o que deixa a velocidade de descida um tanto acelerada. Com as mãos algemadas, obtém controle precário da direção por meio das alças manuais. O bastante, contudo, para desviar de parede de concreto maciço e improvisar aterrissagem forçada em campo aberto e gramado, típico do planalto central. Na hora, percebe um clique preocupante no tornozelo esquerdo, mas a adrenalina está alta demais para sentir dor. E tem problemas mais urgentes a resolver. Afinal, Radesh está a caminho e ela não faz ideia de como reativar a rota perdida e levantar voo em segurança.

Sentada no chão, ao lado do veículo sem assentos e com o teto aos pedaços, Raysha estica o pescoço e observa o que sobrou do Estevez. Consegue roçar o plástico das algemas nos destroços do veículo e liberar as mãos. Ainda não sabe ao certo que tipo de sensação experimenta frente à morte horrenda do seu quase estuprador. Nada lhe passa pela cabeça. Fecha os olhos, controla a respiração e abre sua mente, em relaxamento pleno. Sim, pensa nele, claro. No seu pai.

"Consegue correr?"

"Hein, o quê? Quem é?"

"Você precisa sair daí agora. A um quilômetro a leste tem outro veículo esperando por você. Vai por dentro do parque. Eles tão fechando o cerco."

"Pai, é você?"

"Corre!"

Sem alternativa, recolhe as unhas postiças e reativa Luzia. Sempre foi péssima em orientação espacial:

– Luzia, rápido! Pra onde é o Leste?

– Um dos quatro pontos cardeais da Rosa dos Ventos, o Leste situa-se à direita de quem está voltado para o Norte. E também...

– Merda, Luzia! Esquece esse blábláblá e indica o Leste em relação a mim, anda!

– Desculpe. Siga a bússola projetada agora na sua rede neural, Raysha.

Em desabalada carreira, ela se entrega aos comandos e cai fora dali. Acessa a nova aeronave e decola, desta vez muito bem acordada, para além de Radesh. De Brasília. Do Brasil. O veículo autônomo vence trajetos comerciais e clandestinos até mergulhar no Atlântico e "redesbravar" rotas submarinas, só que no sentido inverso.

Emerge na costa da Normandia, sem pompa nem circunstância. Entretanto, detentora de poderio imensurável da nova tecnologia comunicacional, capaz de vencer qualquer guerra, nossa cientista heroína é escoltada por agentes velados do aBA até a inquebrantável Paris, que fervilha com a possibilidade de mais um domínio da Liga dos Comandos Transnacionais, representada agora pelo extravagante Radesh, o vilão da vez no velho continente europeu.

Largada ao léu, na companhia de ratazanas e pombos que fazem biquinho ao pé da Torre Eiffel, Raysha rememora a montanha-russa dos últimos dias. Espera. Faminta, disputa migalhas. E ri sozinha de uma longínqua época infantil em que representava apenas uma menina protegida pelas muralhas medievais de um extenso reino lobatiano em Águas Claras, condomínio de classe média no qual era princesa herdeira de um pai magnânimo, bondoso, justo. Pelo menos para ela. Pergunta-se em que momento o trem descarrilhou.

Atitudes urgentes foi tudo o que vivenciou até onde chegou. Por isso mesmo, talvez, aguarda instruções, sentada em um reles banco de praça na Champs Élysées.

– Deixa de preguiça, vem!

Ignora o chamado de homem trajando moleton em corrida matinal, possivelmente mais um molestador. Na verdade, não sabe por que está plantada ali. A falta de sono irrita seu mal humor e afeta o raciocínio. Dormita com a despreocupação de uma mendiga desocupada. Afinal, este é seu status de momento. E assim aproveita revigorantes minutos. Até ser importunada por um guarda:

– Perdão, senhora. Não pode ficar aqui nesta descompostura. Faça o favor de circular.

– Só preciso dormir um pouco. Não tenho aonde ir, seu guarda.

– Tem certeza? Por que não levanta e acompanha este senhor que vem ao longe em leve trote?

– O de moleton? Nem pensar. E já me importunou, por sinal.

– Levante-se e siga o homem – imediatamente o policial se afasta e acena quase imperceptivelmente para a figura esmirrada, de boné e óculos escuros que se reaproxima de Raysha, após mais uma volta no quarteirão, se assim se pode dizer sobre Champs Elysées; após trinta anos de um longo quarteirão cíclico de caminhos que se cruzam novamente.

Ao domar o sono e reparar um pouco melhor a cena que se desenrola diante de si, Raysha se levanta inundada por vigor há muito não sentido. É seu pai, só pode ser. Finalmente poderá abraçá-lo, projetar toda sua redenção nele, expiar pecados e culpas, desfalecer em braço forte que não fode com toda a luta...

Sente que precisa mesmo dormir. Ele não gosta de palavrões. Diz que este recurso pobre apequena ambições legítimas. "Engraçado como a necessidade de sono se assemelha à embriaguez", pensa enquanto se apronta a acertar o passo com seu ídolo renascido, que chega cada vez mais perto.

"Imagino as situações que você enfrentou, minha filha. Falaremos todos os palavrões que você quiser. Mas agora preciso de você ao meu lado em mero encontro casual. Sei que é difícil, minha linda, mas peço que se concentre e segure impulsos, pelo menos por ora. Você acaba de cair de paraquedas em uma missão."

– Não me fale de paraquedas – descontrai Raysha, já ladeada pelo pai, no mesmo ritmo de *cooper*, na mesma sintonia de antes. De sempre.

– Também fui ejetado, em 2036. Só que em movimento, bem diferente. Falando nisso, como vai o tornozelo? – Renato tenta contar vantagem.

– Um pouco dolorido, vai passar. Pelo menos não desmaiei – a filha pródiga devolve na mesma moeda.

– Mas o Piauí, hein, não precisava entregar tantos detalhes.

– Meu saudoso dindo... minha amada mãe...

– Sinto muito, Ray. Piauí é o homem mais íntegro e corajoso que já conheci. Sua mãe... guerreira, amor da minha vida. Vamos honrá-los, agora juntos de novo. Assim somos mais fortes.

Raysha enxuga as lágrimas e retoma o fôlego:

– O que manda, pai? Será que, finalmente, vou entrar nas suas estórias?

– Você sempre esteve, minha filha.

Convencida da resposta e feliz, ela joga fora as unhas postiças em um compactador de resíduos tóxicos. E segue seu pai, certa de que há ainda muitas páginas em branco a preencher.